청소년 기업가정신교육
우리가 함께한 길

청소년 기업가정신교육

우리가 함께한 길

전국청소년기업가정신교육연구회 지음

전국청소년기업가정신교육연구회
Korea Youth Entrepreneurship Education Association

전국청소년기업가정신교육연구회
창립 10주년 기념 도서 발간을 축하하며

교육 현장에서 학생의 창업가정신 함양을 위해 애쓰고 계시는 전국의 모든 선생님께 감사드리며, 힘찬 응원과 격려의 박수를 보냅니다.

급변하는 디지털 인공지능AI 시대를 맞아 직업의 세계 역시 과거의 전통적인 분야에서 벗어나 점차 다양한 분야로 확대, 발전해 나가고 있습니다. 이럴 때일수록 학생들이 자기 삶의 주체가 되어 미래를 스스로 찾아가도록 방향을 안내하는 것은 진로직업 교육의 중요한 과제입니다.

이를 위해 경기도교육청은 학생·청소년을 위한 '창업가정신' 함양 교육에 주력하고 있습니다. 경기 교육만의 창업가정신 교육 체계를 확립하고, 도내 모든 초·중·고등학교를 대상으로 '경기도형 창업가정신 교육'을 안내해 교육과정에 적용할 수 있도록 앞장서고 있습니다.

2023년 경기도형 창업가정신 교육 지침을 개발한 데 이어

2025년에는 초중고 학교급별 창업 동아리 매뉴얼을 제작해 도내 모든 학교에 보급했습니다. 나아가 학교 교직원을 대상으로 연수를 실시해 창업가정신 교육이 학교에 정착되도록 적극 힘쓰고 있습니다.

이 같은 노력에 발맞춰 이번에 학교 현장에서 실천한 창업가정신 교육 사례를 엮어『청소년 기업가정신교육 – 우리가 함께한 길』도서를 발간했다는 소식을 매우 기쁘게 생각합니다. 경기도를 중심으로 전국의 선생님들이 함께 모여 이뤄낸 소중한 기록이 대한민국 창업가정신 교육에 힘쓰고 있는 모든 분께 좋은 길잡이가 될 수 있기를 바랍니다.

뜻 깊은 도서의 발간을 거듭 축하드리며, 학교 현장에서 선생님들이 실천하는 창업가정신 교육이 향후 대한민국의 미래를 이끌어갈 학생과 청소년들에게 올바른 성장의 밑거름이 되기를 기대합니다.

– 경기도 교육감 임태희

미래 교육의 방향을 제시하는 귀중한 나침반

전국청소년기업가정신교육연구회 창립 10주년 기념 도서 발간을 진심으로 축하드립니다.

지난 20여 년간 대한민국 청소년 기업가정신 교육의 역사는 곧 현장 교사들의 헌신과 열정의 역사였습니다. 2002년 '청소년 비즈쿨'로 시작한 작은 실험이 오늘날 전국 1800여 명의 교사가 함께하는 큰 교육 흐름으로 성장하기까지, 그 중심에는 항상 학생들의 미래를 위해 묵묵히 노력해온 선생님들이 계셨습니다.

특히 2015년 창립된 전국청소년기업가정신교육연구회는 "좋은 것은 공유되어야 한다"는 신념으로 교육 현장의 살아 있는 경험과 지혜를 나누며, 우리나라 기업가정신 교육의 질적 도약을 이끌어왔습니다. 이번에 발간되는 책에 담긴 교사 21명의 생생한 실천 사례들은 단순한 기록을 넘어, 미래 교육의 방향을 제시하는 귀중한 나침반이 될 것입니다.

기업가정신 교육이 단순히 창업 기술을 가르치는 것이 아니라, 자기 주도적으로 삶을 개척하고 더불어 행복한 세상을 만들어가는 역량을 기르는 교육이라는 연구회의 철학에 깊이 공감합니다. 이러한 교육이야말로 AI 기술 등 급변하는 시대를 살아갈 우리 청소년들에게 가장 필요한 교육이며, 대한민국의 지속 가능한 미래를 위한 핵심 과제입니다.

우리 재단도 이러한 교육 혁신의 여정에 함께하고자 합니다. 교육 현장에서 고군분투하시는 선생님들의 노고를 잘 알고 있기에 앞으로 교사 연수 프로그램 확대, 우수 사례 발굴, 교육 자료 개발 등 다양한 방면에서 아낌없는 지원을 이어가겠습니다. 아울러 우리 재단은 교육 현장과 정책 그리고 지역사회를 연결하는 든든한 가교 역할을 할 수 있도록 더욱 노력하겠습니다.

다시 한 번 창립 10주년과 의미 있는 도서 발간을 축하드리며, 청소년 기업가정신 교육의 더 큰 도약을 응원합니다.

– 한국청년기업가정신재단 이사장 한정화

기업가정신은 새로운 가치를 창출하는 힘

전국청소년기업가정신교육연구회 창립 10주년 기념 사례집 발간을 진심으로 축하드립니다. 이번 사례집에는 전국청소년기업가정신교육연구회 회원분들의 애정과 열정이 고스란히 녹아 있어 더욱 값질 것으로 생각됩니다.

21세기 우리 사회는 디지털 전환, 기후 변화, 경제 침체 등 중대한 도전과 위기들 앞에 놓여 있습니다. 우리가 나아가야 할 길은 자명해 보입니다. 4차 산업혁명의 파도 속에서 우리는 기존의 방식을 과감하게 버리고, 새로운 가능성을 모색해야 합니다.

이러한 변화는 불확실성과 두려움을 동반하지만, 동시에 창의력과 혁신의 기회를 제공합니다. 변화를 두려워하지 않고, 그 안에서 기회를 찾는 용기와 도전 정신이야말로 현재 우리 사회가 필요로 하는 가장 중요한 자질입니다. 기업가정신은 바로 이러한 변화의 중심에 서서, 새로운 가치를 창출하는 힘입니다.

저는 기업가정신교육연구회가 이러한 시대적인 흐름에 발맞추어 기업가정신의 중요성에 깊이 공감하여 출발했다고 생각합니다. 기업가정신교육연구회는 2015년 9월 창립 이후 학교 현장에 기업가정신을 확산하기 위해 정부와 민간 기관의 기업가정신 자문과 연수 설계, 교육 매뉴얼 및 교재 개발 등 많은 역할을 해주고 있습니다. 정말 고맙게 생각합니다.

2018년 7월 10일 한국경영학회는 경남 진주시를 '대한민국 기업가정신 수도'로 선포했습니다. 진주시는 대한민국 경제 기적의 주역인 LG, GS, 삼성, 효성 4대 기업 창업주가 동시대에 성장하고 교류한 재계의 산실이라는 상징성과 16세기 조선시대 경상우도에서 주로 활동한 남명 조식의 실천 유학에 기반한 '경의사상敬義思想'이 4대 기업 기업가정신의 토대가 되었다고 보았기 때문입니다.

진주시는 이러한 4대 기업 창업주의 기업 가치인 '진주 K-기업가정신'을 국내외로 확산하기 위해 다양한 노력을 기울이고 있습니다. 진주 K-기업가정신센터를 건립해 중소벤처기업 CEO와 임원 7700명, 초중고와 대학생 3000명에게 진주 K-기업가정신을 교육했으며, 28개 기관·단체와 MOU를 체결해 긴밀한 글로벌 협력 네트워크를 구축했습니다.

또한 '진주 K-기업가정신 국제 포럼과 청년 포럼'을 통해 진주 K-기업가정신의 우수성을 국내외에 알렸으며, 이를 미래 세대로 계승 발전시키기 위해 대한민국 기업가정신관 건립, K-거상 관광 루트, 국제 청년 창업 빌리지 조성 사업 등을 추진하고 있습니다.

저는 진주를 전 세계인이 찾는 세계적 K-기업가정신의 수도로 발전시켜 나가고자 합니다. 교원연구회에서 진주시의 진주 K-기업가정신 확산 사업에 많은 관심과 성원을 부탁드립니다.

다시 한 번 전국 청소년 기업가정신 교육연구회 창립 10주년 기념 사례집 발간을 진심으로 축하드립니다. 감사합니다.

- 대한민국 기업가정신의 수도 진주 진주시장 조규일

10년의 기록이자 교육 생태계의 이정표

전국청소년기업가정신교육연구회 창립 10주년과 현장 교사들의 생생한 실천 사례를 담은 기념 도서의 발간을 진심으로 축하드립니다.

아산나눔재단은 '아산 유스프러너'와 '아산 티처프러너'를 통해 교사와 학생이 함께 성장하는 실천 중심의 교육을 꾸준히 지원해왔습니다. 기업가정신 교육이 청소년의 삶에 긍정적인 영향을 미친다는 사실은 재단의 연구를 통해서도 확인했습니다. 청소년 기업가정신 교육의 가능성을 누구보다 먼저 믿고, 묵묵히 그 길을 걸어오신 선생님들께 깊은 존경과 감사를 드립니다.

이 책은 지난 10년의 소중한 기록이자, 앞으로의 교육 생태계를 위한 든든한 이정표가 될 것입니다. 아산나눔재단도 앞으로 교사 여러분과 함께 기업가정신 교육이 더욱 널리 퍼지고 깊이 자리 잡을 수 있도록 든든한 동반자가 되겠습니다.

- 아산나눔재단 상임이사 정남이

시간 축적의 힘

스타트업 창업가들에게 뭐든 시작했으면 10년은 할 각오를 가지고 해야 한다고 이야기합니다. 신박한 아이디어만 있으면 금방 결과가 나올 것처럼 생각하지만, 시간 축적의 힘이 결과를 만듭니다.

전국청소년기업가정신교육연구회가 10주년이 되었다고 합니다. 청소년들에게 기업가정신을 함양하는 일에 지난 10년을 꾸준히 걸어왔고, 아직도 그 일을 하고 있는 것만으로도 충분히 어떤 기여를 했을지 미루어 짐작할 수 있습니다. 생각과 가치관이 굳어지기 전에 현실 감각을 익히고 기업가정신을 경험하게 하는 것은 청소년 교육에서 중요한 일이라고 믿습니다.

지난 10년간 꾸준히 해온 청소년 기업가정신 교육이 앞으로 더욱더 발전한 교육으로 청소년들을 배출하기를 기대합니다. 이는 초기 창업자들을 돕는 엑셀러레이터, 투자자, 멘토들에게 큰 힘이 될 것입니다.

— 프라이머 대표 권도균

생생한 실천 기록이 살아 있는 영감이 되기를

청소년 기업가정신교육연구회의 창립 10주년을 진심으로 축하드립니다.

학생 한 명 한 명의 가능성을 믿고, 교실에서 묵묵히 실천해오신 선생님들의 땀과 열정이 있었기에 이 여정이 더욱 빛났다고 생각합니다. 특히 남승완 회장님께서 오랜 시간 학생들의 기업가정신 함양을 위해 진심을 다해오신 모습을 곁에서 지켜본 한 사람으로서, 이번 10주년의 의미가 더욱 깊게 다가옵니다.

기업가정신은 단순한 창업 기술이 아니라, 자신의 삶을 주도하고 더 나은 세상을 만들어가는 태도라고 믿습니다. 이 책에 담긴 선생님들의 생생한 실천 기록이 앞으로 더 많은 학교와 교육자들에게, 궁극적으로는 자라나는 학생들에게 살아 있는 영감이 되기를 바랍니다.

교실의 변화를 넘어, 사회를 움직이는 교육의 힘을 다시금 느끼게 해주셔서 감사합니다.

－ 에이팀벤처스 대표 고산

기업가정신은 '철학 있는 행동력'

플라톤은 '좋은 교육은 영혼을 이끄는 일'이라고 말했습니다. 기업가정신 교육은 청소년에게 삶을 스스로 이끄는 힘을 길러주는 좋은 교육입니다. 이 책은 기업가정신 교육이 걸어온 지난 10년의 여정을 담고 있습니다.

기업가정신은 단순한 창업을 넘어, 자기 삶과 공동체의 문제를 주체적으로 성찰하고 실천하는 '철학 있는 행동력'입니다. AI와 디지털 전환의 시대, 진짜 교육은 기술이 아닌 인간의 가치에서 출발해야 함을 교사들의 사례로 증명합니다.

21명의 교사들이 만들어낸 수업은 지식의 전달이 아니라 가능성의 촉발이었고, 변화는 교실에서부터 시작되었습니다. 이 책은 단절된 오늘의 교육에 생명과 연대를 불어넣는 '다음 세대의 교육 선언서'입니다.

– 넥스트챌린지 대표 김영록

교육자들이 함께 만든 지혜의 집합

인공지능이 많은 것을 급속히 대체하는 시대, 이제는 직업을 찾는 것이 아니라 직업을 창조해야 하는 시대입니다. 이 책은 바로 그 창직創職 교육의 중심에 있는 기업가정신 교육의 생생한 현장 기록입니다. 저 역시 스탠퍼드대학교에서 질문 중심 학습과 창의 디자인 교육을 실천해온 사람으로서, 이 책에 담긴 실천적 노력에 진심으로 감동했습니다.

교육자들이 함께 만든 이 지혜의 집합은 시대를 앞서간 용기이며, 다음 세대에게 주는 귀중한 선물입니다. 학생들은 이 책을 통해 영감을, 교사들은 수업의 전환점을 얻게 되기를 진심으로 바랍니다. 이 위대한 시도에 참여한 모든 분께 진심으로 박수를 보냅니다.

– 폴 김(Paul Kim, Ph.D.)
Stanford University Graduate School of Education
Former Associate Dean & Chief Technology Officer

삶을 가르치는 교육

기업가정신 교육 사례집 출간을 진심으로 축하드립니다!

10여 년 동안 청소년 곁에서 함께 걸으며, 기업가정신의 씨앗을 심고 꿈을 키워주신 선생님들의 열정과 헌신에 깊은 감동을 느낍니다. 이 책은 단순한 교육 사례집을 넘어, 청소년들이 스스로의 가능성을 발견하고 미래를 주도적으로 설계할 수 있도록 이끌어준 살아 있는 교육의 기록입니다.

기업가정신 교육은 단순히 창업을 가르치는 것이 아닙니다. 문제를 발견하고 해결하며, 실패를 두려워하지 않고 도전하는 태도를 기르는 삶의 교육입니다. 이러한 교육을 통해 학생들은 변화하는 세상 속에서 주체적으로 살아갈 수 있는 힘을 얻게 됩니다.

선생님들의 이야기가 담긴 이 책이 더 많은 선생님들에게 영감을 주고, 기업가정신 교육의 가치가 널리 확산되기를 진심으로 바랍니다. 앞으로도 청소년들의 가능성을 믿고, 그들의 꿈을 함께 디자인해 나가는 여정에 늘 따뜻한 응원을 보내겠습니다.

– 청소년비즈쿨협의회장 김양수

묵묵히 실천해온 교사들의 이야기

기업가정신 교육은 청소년이 스스로 '나'라는 기업의 주인이 되어 문제를 인식하고 해결 방안을 모색해 변화에 주도적으로 대처할 수 있는 역량을 길러주는 것을 목표로 합니다. 그렇기에 기업가정신 교육은 청소년들이 반드시 경험해야 하는 진로 발달의 중요한 과정으로 생각합니다.

이 책은 학교 현장에서 그 필요성을 인식하고 지난 10여 년간 전국에서 묵묵히 청소년 기업가정신 교육을 확산시켜온 교사들의 이야기를 담았습니다. 이 책은 미래의 대한민국을 이끌어갈 청소년들에게 귀중한 나침반이며 성취감과 도전 정신을 키우는 도전장이 될 것입니다.

학교의 기업가정신 교육 10여 년의 여정을 기록한 선생님들의 이야기가 출간된 것을 축하하며, 이 이야기가 전국의 많은 학교와 선생님들께 전해지길 바랍니다.

– 안산시 청소년재단 대표이사 전희일

기업가정신은 미래를 위한 최고의 교육

교육 복지 현장에서 아이들의 장래 희망을 물어볼 때가 많습니다. 어떤 중학생의 장래 희망은 '정규직'이었습니다. 재단에서 사회공헌 사업을 진행하기 때문에 여러모로 취약한 청소년들을 많이 봐왔지만, 벌써부터 '경제적 안정'을 목표로 하는 것이 안쓰럽습니다. 경제적으로 풍요로운 청소년 또한 마찬가지입니다. 모두 의사, 변호사 등 전문직만 꿈꿉니다.

이들이 살아갈 미래에는 다른 세상이 올 것입니다. 어떤 세상이 오든 '창의적 변화'는 당연할 것입니다. 이런 미래를 위한 최고의 교육이 '기업가정신'이라고 생각합니다. 우리 사회의 미래는 다음 세대 아이들에게 얼마나 '기업가정신'을 심어주느냐에 달려 있습니다.

그 책임의 선두에 선 선생님들의 고군분투 이야기가 담긴 책입니다. 너무나도 격하게 응원하고 기대합니다.

- 사회복지법인 아이들과미래재단 본부장 김병기

소중한 여정에 깊은 감사와 존경을

학교 현장에서 함께 배우고 나누며 참된 가치를 고민하고 실천하는 기업가정신 교육에 헌신해온 전국청소년기업가정신교육연구회의 10주년을 진심으로 축하드립니다.

지난 10년간 우리 청소년들이 '뜨거운 마음'을 품은 시대의 주인공으로 성장할 수 있도록 이끌어온 연구회의 소중한 여정에 깊은 감사와 존경을 표합니다. 앞으로도 학생과 교사가 함께 청소년 기업가정신 교육을 통해 의미 있는 삶을 일구어 나가시길 진심으로 기원합니다.

– 한국청소년정책연구원 선임연구원 강경균

청소년들의 미래를 설계하는 가장 강력한 씨앗

청소년의 도전이 세상을 바꾼다는 믿음으로 10년을 걸어온 연구회의 여정을 진심으로 축하드립니다.

이곳에서 피어난 기업가정신은 청소년들의 미래를 설계하는 가장 강력한 씨앗이 되었습니다. 선생님들의 열정이 희망을 키우고, 미래를 여는 불씨가 되었습니다.

앞으로의 10년 여정에도 함께 동참할 수 있기를 바랍니다.

진심으로 10주년을 축하드립니다.

- 스타트업추진단 글로벌진출팀장 윤여경

기업가정신 교육을 실천하는 전국 교사들의 이야기

"한 사람이 꾸는 꿈은 꿈이지만, 모두가 함께 꾸는 꿈은 현실이 된다."

전국청소년기업가정신교육연구회가 걸어온 지난 10여 년의 여정은 바로 이 문장을 실현해온 시간이었습니다.

2002년 '청소년 비즈쿨Bizcool'이라는 이름으로 대한민국에 처음 도입된 청소년 기업가정신 교육은 실업계 고등학생들에게 자립의 힘을 길러주고자 했던 작은 실험에서 출발했습니다. 20여 년이 지난 지금은 중소벤처기업부 '청소년 비즈쿨'과 더불어 교육부 '온라인 창업 체험 프로그램YEEP', 아산나눔재단 '유스프러너' 등 청소년 기업가정

신 교육 프로그램 운영을 통해 대부분의 학교에서 한 번쯤
은 기업가정신 교육을 경험했거나 알고 있는 시기가 되었
습니다.

이렇게 지난 20년 전국의 초·중·고등학교에서 청소
년 기업가정신 교육을 확산시키고 교실에서 묵묵히 실천하
며 학교 문화를 바꿔 나가기 시작한 교사들의 이야기가 펼
쳐집니다. 특히 2015년 몇몇 뜻있는 교사들이 함께 모여
"좋은 것은 공유되어야 한다"는 단순하면서도 강력한 신념
아래 창립한 청소년기업가정신교육연구회는 지금의 전국
네트워크로 성장하는 출발점이 되었습니다.

2,000여 명 교사들은 수업 자료, 행사 운영 노하우, 수
업 시간에 직접 활용 가능한 실제 수업 자료 등 진짜 수업
사례를 함께 나누며 성장해왔습니다. 그들은 각자의 자리
에서 '진짜 수업'을 만들고 공유하기 위해 오늘도 함께 고
민하고 실천하고 있습니다.

이 책은 그들이 걸어온 각자의 여정을 담은 기록입니
다. 단순한 실적이나 정책의 나열이 아닙니다. 21명의 교사

가 자신의 삶과 학교 현장에서 경험한 생생한 이야기를 진솔하게 풀어낸 고백이자 증언입니다.

미술 수업에서 창업 아이템 발굴로 확장된 창의력 교육, 창업 동아리 축제를 학교 축제로 발전시킨 창업 체험 활동, 창업반 데모데이로 이어진 실전 창업 교육, 그리고 인도네시아 연수와 교과 융합 수업을 통해 다시 성찰하게 된 '기업가정신의 본질'에 대한 이야기까지……. 각자의 이야기 속에는 시대를 앞서 고민한 교육자들의 열정과 흔들림, 그리고 다시 일어서기까지의 노력과 믿음이 담겨 있습니다.

"기업가정신 교육은 누구를 위한 것인가?"

"이 교육은 무엇을 위해 존재하는가?"

전국청소년기업가정신교육연구회는 말합니다. 청소년 기업가정신 교육은 단순히 돈 잘 버는 사업가를 만드는 교육이 아니라, 세상을 올바르게 변화시킨 창업가들의 태도와 습관, 인성을 본받아 '자기 주도적으로 삶을 개척해 나아가게 만드는, 세상을 더불어 행복하게 만드는 교육'이라고.

그렇기에 이 교육은 단순한 체험이나 행사의 형식에만 머물러서는 안 됩니다. 교과서 속의 이론에 갇혀서도 안 됩니다. 청소년의 눈높이에서, 청소년의 삶 속에서 실현 가능한 교육이어야 합니다. 자기 주도적으로 삶을 개척하고, 세상의 문제를 함께 협력해 해결하려는 '함께 행복한 세상을 만드는 기업가'를 키우는 것, 그것이 우리가 바라보는 진정한 기업가정신 교육입니다.

이제는 한 교사의 열정보다도 교육의 지속 가능성과 연계성을 위해 공공기관, 지방자치단체, 학교, 교사, 커뮤니티가 하나로 연결된 교육 생태계가 필요합니다. 우리는 이 책이 그 연결의 출발점이 되기를 바랍니다.

지난 20년간 연구회 선생님들은 중소벤처기업부 청소년 비즈쿨 프로그램, 교육부 온라인 창업 체험 교육 프로그램, 아산나눔재단 티처프러너와 유스프러너, 경기도교육청 경기도형 창업가정신 교육 등 국내 대표적인 청소년 창업 교육 프로그램의 설계와 컨설팅, 자료 개발, 강사 등으로 활동하며 전국의 청소년 기업가정신 교육 활성화를 위해 이바지했습니다.

　전국에서 청소년 기업가정신 교육이라는 꿈을 포기하지 않고, 묵묵히 자리를 지키며 교육 현장에서 기업가정신 교육을 실천하고 있는 수많은 교사들과 청소년 기업가정신 교육 관련 지원 기관과 담당자분들께 진심 어린 감사와 더불어 이 책을 바칩니다.

　우리는 믿습니다. 지금의 청소년이 더 나은 내일을 만들어갈 수 있도록 돕는 길, 그것이 곧 대한민국의 미래를 지키는 길이고, 그것이 바로 "청소년 기업가정신 교육"이라는 것을.

2025년 가을
전국청소년기업가정신교육연구회 드림

청소년 기업가정신교육

지난 20년의 기억과 내일 이야기

(남승완)

한국디지털미디어고등학교 교장

2003년 봄 청소년 기업가정신 교육과의 첫 만남

'청소년 비즈쿨'이라는 생소한 단어를 마주했을 때 저는 미술 교사였고, 창의력 교육에 관심이 많았습니다. 어느 날 우연히 접한 청소년 비즈쿨 프로그램 창업 아이템 발굴이 평소 미술 수업에서 강조하던 '아이디어', '상상력'과 맞닿아 있다는 사실이 새로운 자극이 되었습니다. 일반적인 수업이 아닌, 보다 현실적이고 생동감 넘치는 살아 있는 진짜 수업을 한다는 것이 저의 교직 생활을 즐겁게 하고 활기차게 만들어 주었습니다.

청소년 비즈쿨 사업은 2002년 중소기업특별위원회를 통해 처음 도입된 프로그램입니다. 비즈쿨은 '비즈니스 스쿨'의 줄임말로, 실업계고등학교 학생들의 자립을 돕고자 '경제 및 창업 마인드 함양'을 취지로 시작되었습니다. 5개 실업고에서 시범학교로 출발한 이 프로그램은 점차 확산되어, 많게는 전국에서 최대 500여 개 초·중·고등학교에서 운영되기도 했습니다.

2003년 처음 만나게 된 비즈쿨을 통해 저는 미술 교과와 기업가정신 교육을 융합한 '생각하는 비즈쿨'이라는 수업을 만들었습니다. 이를 다양한 교사 연수에서 발표하며, 같은 고민을 안고 있는 교사들과 공감대를 나누었습니다. 비즈쿨을 운영하는 선생님들은 전공도, 수업 방식도 모두 달랐지만 각자의 교과 특성과 창의적인 접근을 바탕으로 학교와 교과 특성에 맞는 자기만의 교육을 만들어 나갔다는 공통점이 있었습니다.

청소년 실전 창업과 비즈쿨 프로그램의 전국 확산

경기도는 2004년 제1회 비즈쿨 페스티벌을 개최했으며, 우리 학교는 2006년 전국에서 최초로 '창업교육학교'로 지정되었습니다. 우리 학교는 기존의 학교 축제 대신에 창업 동아리 부스 운영, 자기 PR 대회, 일일 경매 등 창의적이고 실천 중심의 활동으로 학생들의 창업 마인드를 키우기 시작했습니다.

처음에는 '학교에서 이런 행사를 왜 하느냐'는 의아한 눈빛들도 있었습니다만, 학교 축제 문화의 변화가 좋은 반응을 얻자 전국 여러 학교로 퍼져 나갔으며, 이제는 청소년 비즈쿨 페스티벌의 한 축이 되었습니다.

2006년 저는 '전국청소년비즈쿨교사협의회'를 결성하여 초대 회장을 지내며 '전국비즈쿨교사협의회'의 기틀을 다졌습니다. 이듬해인 2007년에는 제1회 전국 비즈쿨 페스티벌을 개최해 청소년 비즈쿨을 전국 단위 프로그램으로 확산하는 계기를 만들었습니다.

2010년대 들어서면서 1인 창조 기업이 주목받기 시작했습니다. 이에 우리 학교는 전국 최초로 '중소기업청 앱

2006년 제1회 교내 창업 동아리 페스티벌 운영

창작터'를 운영했습니다. 선생님들은 고등학생도 기술 창
업을 할 수 있다는 믿음으로 여러 지원 사업에 뛰어들었습
니다. 외부 전문가 초청, 졸업생 멘토링, 엔젤 투자자 초청
데모데이 등 실전 창업 교육을 확대해 나갔습니다. 그렇게
창업을 준비한 학생들 중에는 '김캐디', '테이블매니저', '체
리팟'과 같은 실제 스타트업의 대표로 성장한 학생들도 생
기게 되었습니다.

청소년 시기 기업가정신 교육의 참된 의미를 찾게 된 전환점

하지만 시간이 지나면서 마음속에 회의가 밀려왔습니다. '창업 교육이 단지 돈 잘 버는 방법만 가르치는 것일까?', '이 교육이 과연 세상을 바르게 변화시킬 수 있을까?'라는 의문이었습니다.

그러던 중 인도네시아 찌푸트라대학교 연수에 참여했습니다. 그곳에서 저는 기업가정신 교육의 본질을 다시 생각하게 되었습니다. '청소년 입장에서 기업가정신 교육은 창업가를 만드는 창업 수업이 아니라, 세상을 올바르게 혁신적으로 성장시킨 창업가들의 정신과 태도, 습관을 배우는 교육이다!'라는 깨달음은 이후 저의 기업가정신 교육 철학을 바꾸는 전환점이 되었습니다.

이 시기에 또 한 가지 안타까운 상황이 있었습니다. 아무리 열정적으로 비즈쿨이나 기업가정신 교육을 운영하던 학교라도, 담당 교사가 타 학교로 전근을 가거나 학교 관리자가 바뀌면 비즈쿨 사업은 중단되기 일쑤였다는 점입니다.

이렇게 좋은 교육이 지속 가능하지 않은 학교 현장의

인도네시아 찌푸트라대학교 연수 책자

상황에 대한 고민이 깊어질 무렵, 저는 한 가지 가능성에 주목했습니다. 사업비가 필요한 행사 중심의 활동이 아니더라도, 내가 맡은 수업 시간 안에서 얼마든지 예산 없이 교과 융합형 기업가정신 교육을 할 수 있다는 것이었습니다.

그때부터 저는 청소년 입장에서 기업가정신 교육을 다시 한 번 재정립했습니다. 10년 전인 2015년 9월 저는 이러한 생각을 실천에 옮기기 위해 뜻을 함께하는 경기도 비즈쿨 교사 몇몇과 함께 '청소년기업가정신교육연구회'를 결성했습니다. 그리고 "좋은 것은 공유되어야 한다!"라는 슬로건 아래, 수업 자료, 행사 자료, 운영 노하우 등을 실제 수업에서 그대로 활용할 수 있도록 자세히 설명하며 공유하기 시작했습니다.

우리의 목표는 단순히 멋진 교재를 만드는 것이 아니

라, 학교 현장에서 '바로 쓸 수 있는 진짜 수업 자료'를 공유하는 것이었습니다. 이 시기는 개인적으로 미술 교과에서 진로 교과로 변경된 시기였기에 기존의 미술 교과 융합 수업은 물론 진로 교과 시간을 통해 보다 적극적인 나만의 청소년 기업가정신 교육과정을 설계하고 펼칠 수 있었습니다.

전국 확산을 위한 연구회 결성과
전국 단위 교사 커뮤니티로 성장

왜 그렇게까지 좋은 수업 자료를 공유하는 데 힘썼을까요? 당시에도 청소년 기업가정신 교육과 관련된 교재는 많이 만들어져 있었습니다. 하지만 막상 학교 수업에서 활용하기는 쉽지 않았습니다. 우리는 실질적이고 실제적인 수업 자료, 곧 '진짜 수업'을 공유하는 것이 중요하다고 판단했습니다. 무엇보다 가장 중요하게 생각한 점은 학생 100명을 교육하면 100명으로 끝나지만, 교사를 100명 교육하면 1000명, 1만 명의 학생이 교육 혜택을 받는다는 신념 때문이었습니다.

그렇게 2015년 단 6명의 교사로 네이버 밴드를 통해 시작한 전국 청소년기업가정신교육연구회는 현재 전국의 초·중·고 교사 약 2,000명이 함께하는 커뮤니티로 성장했습니다. 각 시도 교육청 전문직, 대학 교수, 창업진흥원, 한국청년기업가정신재단, 아산나눔재단 등 다양한 기관 담당자들도 준회원으로 함께하며, 그야말로 대한민국 청소년 기업가정신 교육의 중심축으로 자리 잡았습니다.

우리나라에서 이루어지는 청소년 대상 기업가정신 교육의 교육 자료 콘텐츠, 교사/학생 연수 등 모든 정보와 자료가 모두 이곳에서 공유된다고 할 수 있습니다. 그러기에 우리 연구회가 대한민국 청소년 기업가정신 교육의 구심점이라고 해도 과언이 아닐 것입니다.

우리 연구회는 지난 10여 년간 기업가정신 교육을 현장에서 직접 실천해온 교사들과 함께하며, 전국의 기업가정신 교육에 관심 있는 교사들에게 양질의 수업 자료와 행사 자료를 제공하고자 해마다 3~4회에 걸쳐 역량 강화 연수를 진행하고 있습니다. 또한 청소년 입장에서 기업가정신 교육 교육모형을 개발해왔습니다.

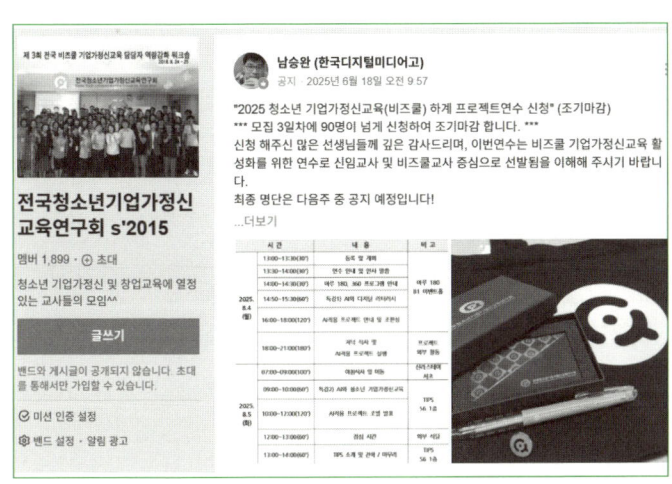

연구회 운영 커뮤니티의 연수 안내 공지 사항

2019년부터는 자체적으로 운영 중인 자격증 연수를 통해 소정의 연수와 프로젝트 과제를 이수하면 연구회가 인준하는 '청소년기업가정신교육지도사' 자격증을 발급해 주는 제도도 운영하고 있습니다.

우리가 생각하는 진정한 청소년 기업가정신 교육

우리는 청소년 시기의 기업가정신 교육이 단순히 창업 기술을 가르치는 것이 아니라, 바른 인성과 가치관을 기반으로 '자기 주도적으로 삶을 개척'해 나가는 동시에 '세상을 올바르게 변화시킬 수 있는 혁신가'를 키우는 데 있다고 믿습니다. 대학의 기업가정신 교육이 창업과 일자리 창출로 이어지는 반면, 초·중·고의 기업가정신 교육은 자기 주도적 삶의 태도와 올바른 가치관을 형성하는 데 중심을 둡니다. 그렇기 때문에 청소년 시기의 기업가정신 교육이야말로 그 어떤 교육보다도 중요합니다.

이러한 철학을 바탕으로 우리는 다양한 교육 프로그램 기획에도 참여해 왔습니다. 중소벤처기업부의 청소년 비즈쿨, 교육부의 YEEP 온라인 창업 체험 교육 프로그램, 아산나눔재단의 유스프러너·티처프러너, JA코리아의 창업 놀이터 프로그램 등 우리나라에서 이루어지는 청소년 대상 기업가정신 교육 프로그램의 초기 설계와 컨설팅에 함께했습니다. 지금도 많은 연구회 선생님들이 강사와 컨설팅 위원으로 프로그램을 지원하고 있습니다.

특히 경기도교육청의 '경기도형 창업가정신 교육 매뉴얼(2024)', '창업 동아리 운영 매뉴얼(2025)' 제작 과정에서는 연구회 중심의 TF 팀을 구성하고 참여해 기획 및 제작을 주도했습니다. 이를 바탕으로 직무연수 기획과 강의를 담당하며 경기도 내 초·중·고등학교에 청소년 기업가정신 교육이 확산되는 데 기여하고 있습니다.

우리는 청소년 기업가정신 교육이 일회성 체험이 아니라, 초·중·고 전체에 걸쳐 나선형으로 심화되어야 한다고 믿습니다. 단계를 밟아 가는 것이 아니라, 경험을 바탕으로 하는 '태도의 변화'가 중심이 되어야 합니다. 그래야만 세상을 올바르게 변화시킬 진정한 창업가를 키울 수 있습니다. 미국과 유럽은 이미 수십 년, 길게는 100년 전부터 이러한 교육을 공교육에 정착시켜 왔습니다.

전 세계에서 우리나라처럼 유치원-초-중-고등학교 각자의 클래스에서 세계 최고의 교육 수준과 환경을 제공하는 나라도 드뭅니다. 다만 우리나라는 학교급별 연계성에서 나선 심화형의 연계 교육이 부족할 뿐입니다. 그래서 우리 연구회는 초·중·고등학교 기업가정신 교육이 단계형 학습이 아닌 심화 나선형 체험 교육 중심으로 흘러가야 한다고 주장합니다. 올바르게 세상을 변화시킬 창업가, 기업가를 양성하기 위해서는 초·중·고 시절에 올바른 인성과 가치관을 겸비하도록 태도의 변화를 만들어주는 것이 핵심입니다.

청소년의 미래에 대한 믿음과 희망

이제는 교사 개인의 열정만으로 학교 현장의 변화를 이어가는 데 한계가 있습니다. 청소년 기업가정신 교육의 미래를 위해서는 공공기관, 지자체, 학교, 교사가 하나로 연결된 생태계가 필요합니다. 각 기관이 각자의 프로그램을 따로따로 운영하는 것이 아니라, 서로 협업하고 연계하는 전국 단위의 유기적인 네트워크, 바로 통합된 컨트롤 타워가 있어야 합니다. 그래야만 교육이 가장 효과적이고 효율적으로 학교와 사회 전체로 확산될 수 있습니다.

그 구심점에 우리 전국청소년기업가정신교육연구회가 있다는 자부심 하나로 지금까지 우리 연구회 운영에 봉사로 헌신하는 공동리더 25명이 함께 하고 있습니다. 우리가 하는 이 작은 노력이 언젠가 큰 변화를 이끌 것이라는 믿음으로 활동하고 있습니다.

세계 유수의 경제 단체들이 2050년 한국의 경제성장

에 대해 어둡게 전망하고 있지만, 우리는 믿습니다. 전국의 수많은 교사들이 지금처럼 청소년 기업가정신 교육에 대한 열정을 잃지 않는다면, 청소년의 앞날을 위해 오늘도 묵묵히 길을 걷고 있는 수많은 초·중·고 교사들이 있기에, 아직도 한국의 미래에 희망이 있다고 믿습니다. 전국의 수많은 교사들이 청소년 시기의 기업가정신 교육이라는 끈을 놓지 않는 한, 우리는 반드시 지금의 청소년들에게 더 나은 내일을 만들어갈 기회를 제공할 것입니다.

연구회를 운영해온 지난 10여 년은 물론 지금도 대한민국 청소년 기업가정신 교육을 위해 헌신으로 함께하는 전국청소년기업가정신교육연구회 2,000여 모든 선생님들과 교육부, 중소벤처기업부, 경기도교육청을 비롯한 시도교육청, 아산나눔재단, 그리고 실전 창업 지원을 위해 함께해주신 프라이머, 에이팀벤처스 등 많은 유관 기관 담당자분들께 진심 어린 감사의 마음을 담아 이글을 바칩니다.

교실에서 청소년 기업가정신을 시작하다

(이창수)
한국관광고등학교 교감

청소년 기업가정신 교육을 왜 해야 하는가

'요즘 아이들에게 정말 필요한 것이 무엇일까?'

진로 교사인 저는 늘 고민에 빠져 있었습니다. 학생들은 여전히 열심히 공부하지만, 시험 점수나 진학 외에는 삶을 어떻게 설계해야 하는지 몰라 보였습니다. 더 나아가 사회가 얼마나 빠르게 변하고 있는지 체감조차 하지 못하는 듯했습니다. 그러던 중 어느 날 한 학생이 수업이 끝난 뒤 조용히 다가와 물었습니다.

"선생님, 저는 공부 말고 뭘 준비해야 할지 모르겠어요. 앞으로 변화된 시대에 과연 저는 뭘 할 수 있을까요?"

그 질문이 마음속 깊이 꽂혔습니다. 그때부터 저는 '앞으로의 사회를 살아갈 아이들에게 필요한 교육이 과연 무엇인가?', '과연 지식 중심 학교 교육만으로 이 아이들이 미래를 준비할 수 있을까?', '어떤 새로운 교육에서 그 답을 찾을 수 있을까?' 계속 고민했습니다.

그 무렵 저는 '청소년 기업가정신 교육'이라는 말을 처음 접했습니다. 이 교육을 학교 현장에 어떻게 적용할까 고민하는 사이 사회에는 엄청난 변화가 나타났습니다. 4차 산업혁명의 물결, 코로나 팬데믹의 충격, 그리고 인공지능의 일상화 등 이전 세대가 겪어보지 못한 변화가 눈앞에서 펼쳐졌습니다.

청소년 기업가정신 교육은 단순한 사업 기술을 가르치는 것이 아니라 삶의 태도, 문제를 해결하는 힘, 그리고 스스로 삶을 주도하는 힘을 기르는 교육입니다. 교사는 사회라는 거대한 바다로 나아가는 아이들에게 돛과 닻을 동시에 쥐어주는 역할을 해야 합니다. 돛은 바람을 타고 앞으로 나아가게 하는 실행력과 창의성, 닻은 깊이 있게 사고하고 중심을 지키도록 해주는 가치관과 성찰력을 키워주는 것입니다. 이 교육이야말로 지금 우리 교실에 꼭 필요한 방향이라고 저는 확신했습니다.

그러나 이러한 판단이 나의 개인적인 생각은 아닐지, 과연 모든 학교, 모든 학생들에게 사업가정신 교육을 적용할 수 있을지 의문이었습니다. 이 문제의 답을 찾는 저의 여행은 이때부터 시작된 것 같습니다.

청소년 기업가정신 교육은 무엇을 가르쳐야 하는가

2015년 같은 고민을 하고 열정을 가진 사람들 중심으로 전국청소년기업가정신교육연구회가 출발했습니다. 학교 교육 현장에서 청소년 기업가정신 교육을 하는 교사들의 모임. 다양한 수업 방식과 교수법을 공유하면서 서로 소통하는 연구회였습니다. 같은 생각과 목표를 가지고 다양한 수업을 진행하는 전국의 청소년 기업가정신 교육 고수들을 만날 수 있는 자리였습니다.

다양한 수업 내용과 수업 방법을 보면서 내 수업에서

청소년 기업가정신 교육 교육모델 구조

부족한 내용들을 채워 나갈 수 있었습니다. 그러나 아직까지 부족함과 공허함이 있었습니다. 과연 청소년 기업가정신 교육의 목표는 무엇인가? 궁극적으로 우리 아이들에게 무엇을 가르쳐야 하는가?

많은 선생님들께서 공감을 해주셨습니다. '우리 교육의 기본이 되는 교육모델 구조를 찾아보자, 그리고 그 구조에서 우리가 도달해야 하는 최종 목표를 찾아보자.'

1년 동안 진행되는 연구회 연수 모임, 연구회 연구위원들의 소모임, 수업 자료 분석, 사회와 기업의 인재상 연구 등을 통해 기본적인 교육모델의 구조를 그릴 수 있게 되었습니다.

그리고 며칠 밤을 새워 우리가 가르치는 청소년 기업가정신 교육 교육모델의 기본적인 구조에 대한 정의를 다음과 같이 정리했습니다.

'올바른 인성과 가치관 위에 다양한 역량을 배우고 익힘으로써 다가올 미래에 자기 주도적인 삶을 영위하는 사람을 만드는 것.'

우리는 '청소년 기업가정신 교육을 통해 전인교육을 완성한다'는 교육 목표를 세웠습니다. 이는 일반적인 학교 교육의 궁극적인 목표와 일맥상통한다고 결론 내렸습니다. 그리고 우리 학생들에게 가르쳐야 하는 청소년기업가정신 교육 교육모델 구조의 세부 내용을 아래처럼 말할 수 있게 되었습니다.

1. 사람으로서 갖춰야 하는 기본 태도 - 올바른 인성과 가치관

청소년 기업가정신에서 말하는 올바른 인성과 가치관은 단순히 윤리적 행동이나 개인의 도덕성을 넘어, 지속 가능한 가치 창출을 위한 '사람 중심'의 태도와 신념 체계를 세우는 것을 의미합니다. 이것은 개인의 성품, 상황 판단 능력, 사회적 책임 의식이 조화롭게 어우러지면서 사회 공동체의 이익과 발전을 추구하는 개개인의 태도를 말합니다.

1) 올바른 인성

청소년 기업가정신 교육에서 추구하는 '올바른 인성'은 누구에게나 인정받고 평가받을 수 있는 마음가짐과 태도로 본인 스스로가 내면의 자아를 단련하고 행동을 취하려는 노력을 기울임으로써 내재화할 수 있는 것들을 말합니다.

2) 올바른 가치관

청소년 기업가정신 교육의 '올바른 가치관'은 행동의 기준이 되는 자아 내면의 신념 체계로, 조직과 사회 속에서 자신의 행동을 어떤 방향으로 나아갈지를 결정하는 기준점을 말합니다.

3) 올바른 인성과 가치관의 중요성

청소년 기업가 정신교육에서 말하는 올바른 인성과 가치관을 함양한 사람이란 '성실하고 정직한 인간으로, 타인과 사회를 존중하며 장기적으로 사회에 이로운 가치를 창출하려는 태도를 지닌 사람'을 의미합니다. 이처럼 도덕성과 상생이라는 핵심 철학을 바탕으로 성장한다면 가장 이상적인 미래 사회를 이끌어가는 사람이 될 수 있을 것입니다.

2. 사회 구성원으로서 갖춰야 하는 기술 - 행동 역량

온전한 사회 구성원이 되기 위한 다양한 지식과 기술, 역량은 학교 교육에서 습득합니다. 청소년 기업가정신 교육의 다양한 수업과 활동에서 학생들은 다양한 역량들을 경험하고, 학생들의 역량은 양적으로 질적으로 성장하게 됩니다. 전국청소년기업가정신교육연구회에서 제시하는 대표적인 역량들은 다음과 같습니다.

1) 창의와 혁신 Creativity & Innovation

기존의 틀을 벗어나 새로운 아이디어를 창출하고, 이를 통해 가치를 새롭게 만들어내는 역량을 의미합니다. 생각하는 방식을 전환하고 실질적인 변화를 유도하는 행동이 나타납니다.

창의와 혁신 역량을 갖춘 사람은 '문제 발견 → 문제 재정의 → 해법 제시'의 과정에서 기존의 자원, 지식, 기술을 새롭게 조합해 창의적인 결과를 도출하려고 노력합니다. 또한 기존의 틀과 원칙을 깨는 일을 두려워하지 않는 실험적인 자세도 매우 많이 시도합니다.

2) 도전과 실천Challenge & Execution

불확실성과 위험을 감수하며 목표를 향해 끈기 있게 도전하고, 구체적인 계획을 세워 실행해 나가려는 역량을 의미합니다. 실패를 배움의 기회로 인식하고 주어진 환경에 머무르지 않고 지속적인 활동을 통해 스스로의 성장을 추구하는 행동을 보입니다.

도전과 실천 역량을 갖춘 사람은 '목표 설정 → 계획 수립 → 실행 → 피드백'을 반복하는 태도를 보이며, 성공이라는 목표에 모든 에너지와 능력을 집중하는 자세를 보입니다.

3) 소통과 공감Communication & Empathy

자신의 생각과 의견을 나눌 때 상대방 입장을 이해하고, 효과적으로 의견을 주고받으며 신뢰와 협력을 이끌어내어 문제를 해결하려는 역량을 말합니다. 본질적인 의미에 대해 심도 있게 생각하고, 비판보다는 이해와 협업을 강조하면서 타협이라는 방법도 적절하게 사용합니다.

소통과 공감 역량을 갖춘 사람은 '경청 → 공감 → 의견 제시 → 합의'라는 과정을 바탕으로 인간 중심의 사고를 실천하며, 다양한 관계자(파트너, 팀원 등)와 유연하게 소통합니다.

4) 책임과 나눔Responsibility & Sharing

자신이 속한 사회와 조직에 대한 책임 의식을 바탕으로 윤리적인 판단을 내리고, 가치와 성과를 함께 나누는 마음가짐과 실천하는 태도의 역량을 의미합니다. 온전하게 자신의 이익을 위해서 사고하거나 행동하는 것이 아니라 공공의 목표에 일환으로 행동한다는 원칙을 늘 염두에 두어야 합니다.

책임과 나눔 역량을 갖춘 사람은 지속 가능성과 사회적 가치 창출에 대한 감수성을 바탕으로 '책임 인식 → 계획 수립 → 수익 활동 → 공헌 활동'의 과정을 지속적으로 유지하며 사회의 다양한 분야와 관계를 맺어 공동체 성장에 기여합니다. 또한 과정의 공정성을 중요하게 여깁니다.

5) 청소년 기업가정신 교육 행동 역량의 중요성

청소년 기업가정신 교육 역량은 단지 창업을 위한 기술이 아니라, 자기 주도적 삶과 공동체적 삶을 균형 있게 살아가기 위한 핵심 요소입니다. 학교 현장에서 이런 내용을 강조하고 교육해, 학생들이 변화하는 미래 사회에서 능동적이고 책임 있는 시민으로 성장하도록 돕습니다. 앞으로 미래 사회는 더 많은 역량과 다양한 자질을 갖춘 학생들이 자기 삶의 주체가 되는 사람으로 성장할 것입니다.

3. 불확실한 미래를 준비하는 자세 - 자기 주도성

우리 사회는 기술, 산업, 직업, 사회적 가치 등이 급격하게 변하고 있습니다. 지금은 정해진 답과 길이 존재하지 않으므로 스스로 자신의 삶을 개척해 나가야 하는 상황입니다. 이런 시기에 필요한 것이 자기 주도성Self-directedness이며, 청소년 기업가정신 교육을 통해 학생들이 인지하고 갖춰야 하는 최종 목표이기도 합니다.

1) 자기 주도성Self-directedness

청소년 기업가정신 교육을 통해 미래를 준비하는 학

생들이 갖춰야 하는 궁극적인 역량은 '자기 주도성'입니다. 빠르게 변화하는 불확실성의 사회에서 자신의 삶과 일의 방향을 주체적으로 '설정 → 계획 → 실행 → 개선'해 나가는 역량을 의미합니다. 이는 단순한 자기 관리Self-management를 넘어서 목표 설정부터 문제 해결까지 스스로 책임지고 행동한다는 태도를 포함한 것입니다. 자기 주도성은 외부의 지시나 통제 없이도 스스로 동기를 부여하고, 마지막에 결과를 자기 스스로 성찰할 수 있어야 합니다.

2) 자기 주도성의 중요성

청소년 기업가정신 교육의 본질은 주체적으로 문제를 발견하고 해결하는 힘을 키워주는 것입니다. 기업가정신은 '기회 발견 → 문제 해결 → 가치 창출'의 연속입니다. 이 모든 과정에서 타인의 지시나 개입 없이 스스로 행동하고 결정하는 자기 주도성을 배우면, 외부 환경에 흔들리지 않고 스스로 동기를 부여하면서 반복적으로 도전하는 인재로 성장할 수 있기 때문에 자기 주도성은 매우 중요합니다.

교육 현장에서 청소년 기업가정신 교육의 미래는

청소년 기업가정신 교육은 학교 현장에서 꼭 필요한 교육입니다. 온전한 인간을 키워낼 수 있는 교육입니다. 그러나 아직까지는 부족하지만 의지를 갖고 선생님들이 반드시 해야 하는 교육입니다. 청소년 기업가정신 교육이 지금보다 더 발전하기 위해서는 교육 현장에서 다음과 같은 변화와 준비를 해야 한다고 제안해봅니다.

첫째, 교육 철학의 전환이 필요합니다. '기업가정신 교육 = 창업 교육'이라는 오해를 넘어서야 합니다. 청소년 기업가정신 교육은 단지 창업 기술을 가르치는 것이 아니라, 미래 사회를 살아가기 위한 핵심 인성과 역량을 기르는 전인교육입니다. 교육 현장에서는 이를 '삶의 태도'로 이해하고, 모든 교과와 생활 교육에 통합적으로 적용해야 합니다.

둘째, 교육과정의 변화가 필요합니다. 청소년 기업가정신 교육은 교과가 아닌 역량 중심으로 교육을 설계해야 합니다. 다시 말해 교과목이 아닌 역량 중심으로 교육과정의 해석과 설계에 포함해야 합니다. 다양한 교과 간의 융합과 실습 중심의 수업을 통해 역량을 함양할 수 있는 교육으로 변화해야 합니다.

　셋째, 인성 교육과 연계한 자기 주도성을 강화해야 합니다. 청소년 기업가정신 교육의 기본 바탕은 올바른 인성과 가치관입니다. 이를 통해 학생들은 성실, 정직, 배려, 끈기 등 인간적 덕목을 내면화하고, 더 나아가 자기 주도적 사고와 실천을 생활에 연결할 수 있어야 합니다.

　넷째, 학교 문화 속 실천 경험으로 확대해야 합니다. 이론만으로는 청소년 기업가정신을 교육할 수 없습니다. 학생이 직접 기획, 실천, 도전, 실패, 성장할 수 있는 기회를 제공해주어야 합니다. 프로젝트(플리마켓, 지역 문제 해결 등), 실패 박람회, 학생 중심 활동(창업 동아리, 캠페인 등)을 교육하면서 스스로 문제를 발견하고 해결해보는 과정을 경험할 수 있어야 합니다.

　결론적으로 청소년 기업가정신 교육은 미래 학교 교육의 대안이자 미래 사회의 인재를 양성할 최선의 방법입니다. 미래 사회에서 학교는 다양한 교육 철학과 교육 방법을 적용해 아이들을 가르치려고 노력할 것입니다. 그러나 그 어떤 교과목이나 교육 활동도 청소년 기업가정신 교육의 교육 목표와 성과에는 미치지 못할 것이라고 확신합니다. 그 중심에 있는 전국청소년기업가정신교육연구회가 책임 의식을 갖고 중추적인 역할을 해야 할 것입니다.

'히어로즈 프로젝트'로
더 나은 세상을 꿈꾸다!

(이종현)

나산초등학교 교사

교사 생활 20년 차에 접어들 즈음, 저는 어느덧 20년 넘게
교단에 서 있었다는 사실이 낯설게 느껴졌습니다. 처음엔
반짝이는 학생들의 눈빛만 봐도 벅찼는데, 어느새 교실 문
을 열 때마다 가슴이 무겁게 내려앉곤 했습니다. 저도 모르
게 점점 무뎌지고 지쳐가고 있다는 걸 깨달았습니다. 처음
품었던 열정은 차츰 식어 갔고, 권태로움은 어느새 깊은 피
로로 변해 있었습니다.

어느 날은 학생들의 장난스러운 말에도 웃음이 나지
않았고, 수업은 처음 교단에 섰을 때와 달리 건조해져 있었

습니다. 분명 무언가 새로운 변화가 필요했지만, 그 답은 쉽게 찾아지지 않았습니다.

바로 그때, 학교에서 아무도 맡으려 하지 않던 '청소년 비즈쿨' 사업이 제게 주어졌습니다. 전혀 예상치 못한 일이었습니다. 한 번도 해 본 적 없는 업무라 부담이 컸습니다. 그러나 맡은 이상 알아야 했기에, 저는 청소년 비즈쿨이 어떤 사업인지 알기 위해 연수에 참여했습니다.

저는 큰 기대 없이, 그저 예산 사용법이나 사업 결과 보고 요령 정도만 파악하려고 했습니다. 그런데 그 자리에서 전혀 예상치 못한 말을 듣게 되었습니다. 연수를 진행하던 선생님께서 말씀하셨습니다.

"기업가정신 교육은 아이들이 생활 속 문제를 발견하고, 더 나은 세상을 만들기 위해 스스로 도전하는 힘을 키우는 과정입니다."

그때가 제 인생에서 기업가정신 교육을 처음 접한 때인 것 같습니다. 그전까지 교사로 살면서 한 번도 기업가정신 교육이란 말 자체를 들어본 적이 없었습니다. 그 말은 어느새 식어버린 제 열정을 되살리는 작은 불씨 같았습니다. 그동안 잊고 지냈던 무언가가 되살아나는 기분이었습니다.

그날 이후 저는 '기업가정신 교육을 통해 학생들에게 어떤 변화를 만들어 낼 수 있을까?'라는 기대 속에 이 길에 발을 들이게 되었습니다.

많은 이들이 '기업가정신'이라고 하면 어른들의 창업 이야기, 돈을 버는 기술을 떠올립니다. 저도 처음엔 그랬습니다. 그런데 아이들과 프로젝트를 하다 보니, 그것이 전부가 아니라는 걸 깨닫게 됐습니다. 학생들은 놀듯이 배우고, 친구들과 함께 웃고, 고민하고, 실수하면서도 포기하지 않았습니다. 그 모든 과정 속에서 학생들은 자라고 있었습니다.

기업가정신 교육을 시작한 처음 2~3년 동안은, 저보다 먼저 이 길을 걷고 있던 선배 선생님들의 활동을 따라 해 보는 데 집중했습니다. 그분들의 프로젝트는 모두 멋지고 훌륭해 보였고, 저 역시 그런 수업과 프로젝트를 운영해 보고 싶었습니다. 그러나 점점 누군가의 흉내만 내는 수업은 한계가 있다는 것을 느꼈습니다. 학생들이 기업가정신 역량을 함양할 수 있는 기업가정신 교육 프로그램을 구성해야겠다는 생각이 떠나지 않았습니다. 창의성과 공감능력, 책임감과 도전 정신과 같은 역량을 키워주는 교육, 학생들이 살아가면서 꼭 필요한 힘을 기를 수 있는 기업가정신 교육을 해보고 싶어졌습니다.

그렇게 해서 처음으로 2017년, 저는 학생들과 함께 맥주캔 향초 만들기 프로젝트를 시작했습니다.

캔 향초 만들기 프로젝트는 봉사활동 시간에 통학로에 널린 쓰레기를 치우면서 발견한 맥주나 음료수 캔을 발견하면서 시작되었습니다. 버려진 캔들을 보며 학생들이 물었습니다. "선생님, 이거 그냥 버려도 되는 걸까요? 뭔가 만들어 보면 재밌지 않을까요?" 가볍게 던진 질문이었지만 그 질문에는 분명한 문제의식과 호기심이 있었습니다.

학생들과 이런 저런 궁리를 하다가 맥주 캔을 향초 용기로 바꿔보기로 했습니다. 맥주 캔과 같은 알루미늄 캔을 자르는 것도, 다루는 것도 어느 것 하나라도 쉬운 것은 없었습니다. 학생들은 입버릇처럼 "선생님, 이건 너무 어려워요."라는 말을 했습니다. 하지만 바로 그때, 진짜 배움이 시작된다는 것을 알 수 있었습니다. 학생들은 실험하고, 실패하고, 다시 도전했습니다. 그런 과정을 거치며 기업가정신 교육에서 강조하는 주요 역량을 함양해 나갔습니다.

숱한 실패와 도전 끝에 마침내 알루미늄 캔 향초가 완

알루미늄캔 향초와 청바지로 만든 파우치

성됐습니다. 우리는 지역 프리마켓 행사에 참여해 환경을 살리는 알루미늄 캔 향초 직접 판매했습니다. 플리마켓 판매는 대성공이었습니다. 알루미늄 캔 향초를 만들기 위해서 쉬는 시간과 점심시간에도 향초를 만들고 또 만들었습니다. 그렇게 만든 향초가 얼마나 많았는지 다 판매하고 수익금이 40만 원이나 되었습니다. 학생들은 그 돈을 어디에 쓸지 진지하게 토론했습니다. 진지한 토론을 통해서 수익금액 전액을 유니세프와 초록우산어린이재단에 기부하기로 했습니다.

알루미늄 캔 향초를 만들어 환경을 살리자는 기업가 정신 교육 프로젝트를 처음 시작할 때, 막막했습니다. 어디서 어떻게 출발해야 할지 몰라 두려웠고, 혹시 실패하지 않을까 걱정도 많았습니다. 하지만 지금 돌이켜 보면, 어떻게

든 기업가정신 교육 프로그램을 실행해야 된다는 것입니다. 기업가정신 교육 프로그램이 거창하지 않아도 좋습니다. 작은 문제라도 발견해서 개선할 수 있다면 충분합니다.

'HEROES PROJECT'로 더 나은 세상을 꿈꾸다!

복잡한 프로그램이나 거창한 계획이 없어도 괜찮습니다. 아이들과 함께 하루 10분, 주변의 문제를 관찰하고 이야기 나누는 것부터가 기업가정신 교육의 출발입니다. 실패해도 괜찮고, 서툴러도 괜찮습니다. 그 과정 안에서 학생들은 생각보다 훨씬 빠르게 반응하고, 우리는 교사로서 다시 살아나는 경험을 하게 됩니다.

지금 이 글을 읽는 누군가도, 어쩌면 같은 질문을 하고 있을지 모릅니다. '나도 할 수 있을까?' 하고. 저는 확신합니다. 여러분도 할 수 있습니다. 기업가정신 교육의 가능성을 믿는다면, 우리는 아이들과 함께 새로운 길을 만들어 갈 수 있습니다.

2018년에 또 다시 6학년을 맡게 된 저는, 이전 해에 진행했던 맥주 캔 향초 프로젝트에서 얻은 성취감과 자신감을 바탕으로 조금 더 폭넓게 환경 문제를 아이들과 함께 들여다보고 싶어졌습니다. 학생들과 다양한 환경 이슈를 조사하던 과정에서 우리가 마주한 문제는 바로 의류 폐기물이었습니다. 입지 않는 옷들이 그냥 버려지며 환경을 오염시키고 있다는 사실에 학생들은 깜짝 놀랐고, 동시에 버려지는 폐의류로 무언가 해보고 싶어졌습니다.

학생들은 제게 상기된 말투로 "선생님, 우리도 버려지는 옷 때문에 생긴 문제를 해결할 수 있지 않을까요? 버려지는 옷에 새로운 쓸모를 줄 수 있다면요."

하지만, 학생들이 하는 말에 온전히 동의할 수 없었습니다. 저나 학생들이나 재봉기를 다뤄 본 적이 없었기 때문에 선뜻 버려지는 옷들로 업사이클링할 엄두가 나지 않았습니다.

만약, 재봉기를 다루지 못해서 학생들이 제안한 것을 외면한다면, 그동안 학생들에게 어떤 일이든 미루지 말고 도전해야한다고 가르친 말이 공허한 외침이 되는 것이 두려워 전 제가 먼저 재봉기 다루는 것을 배우기로 마음먹었습니다. 그렇게 결정하고서 바로 인근의 재봉 학원에 지체

없이 등록하였습니다.

　지금에 와서 생각해 보면 단지 버려지는 옷을 업사이클링 하려고 재봉 학원에 등록한 일은 무모하기 그지없는 일 같습니다. 재봉을 배우는 일은 생각보다 어려웠습니다. 경력이 한참 많아 보이는 할머니들 사이에서 재봉기 바늘에 실을 끼우는 것도 버겁던 그 순간, 마치 외국에 처음 간 여행자가 간판 하나 읽지 못해 우왕좌왕하듯, 모든 게 낯설고 어색하기만 했습니다. 우여곡절 끝에 재봉 교육센터에서 기초만 간신히 익히고는 덜컥 교실에 재봉기를 들여놓았습니다. 아이들과 함께 틈날 때마다 천을 자르고, 실을 감고, 박음질을 하며 우리 반은 매일이 전쟁이었습니다. 실은 자꾸 꼬이고, 바늘은 엉뚱한 데를 찍고, 재봉기에서는 정체불명의 소리가 났지만, 우리에겐 그 모든 실수조차도 웃음이었습니다. '파우치를 만들겠다!'는 일념 하나로, 반 전체가 업사이클링 파우치를 만들기 위해 불타올랐습니다. 처음 해보는 재봉은 어렵고 서툴렀지만, 각고의 노력 끝에 파우치들이 하나둘 완성됐고, 학생들과 함께 손수 만든 파우치를 들여다보며 뿌듯한 미소를 지었습니다. 시간이 지날수록 우리가 만든 파우치에서 뭔가 2% 부족한 느낌이 들었습니다. 학생들은 "선생님, 우리가 만든 파우치를 좀 더 특별하게 만들었으면 좋겠어요." 학생들의 의견에 동의하면서 '이왕이면 다홍치마'라는 말처럼, 우리가 만든 파우치에도 특별한 포인트가 필요하다고 판단했습니다. 오랜 시간 학생들과 의논하는 과정에서 "자수를 넣자!"는 의견이 나왔습니다. 자수를 넣어서 버려진 청바지가 단순한 재활용품이 아니라 '멋진 아이템'으로 다시 태어날 수 있다는 걸 보여주고 싶었고, 버려지는 헌 옷이 이렇게도 멋질 수 있다는 걸 말하고 싶었습니다.

자수를 넣기로 결정하자마자 자수를 놓을 수 있는 재봉기까지 교실에 들여놓았습니다. 그때를 생각해 보면 자수 놓인 멋진 파우치를 만들어 보겠다는 열정이 교실을 가득 메웠습니다. 정성껏 자수를 더한 파우치는 어느새 반짝반짝 개성을 품게 되었고, 플리마켓에서 그 진가를 발휘했습니다. 우리의 작은 파우치가 사람들의 발길을 붙잡았고, 얼마 지나지 않아 '전량 매진'이라는 놀라운 결과로 이어졌습니다.

모든 제품이 팔려나가던 순간, 아이들의 눈빛도 반짝였습니다. 그건 그냥 기쁨이 아니라, 스스로 해냈다는 자부심의 빛이었습니다. 나중에 한 아이가 이런 이야기를 들려 줬습니다. "선생님, 어떤 여자분이요, 우리가 만든 파우치를 보면서 '이건 그냥 필통이 아니라 작품이네요'라고 말했대요. 그 말이 아직도 생각나요." 그 순간, 저는 알았습니다. 이 프로젝트는 단순히 파우치를 만드는 수업이 아니었다는 걸. 아이들의 손으로 세상에 던진 '작은 변화'였고, 그걸 통해 아이들 스스로가 '우리는 세상을 바꿀 수 있어요'라고 속삭이고 있었던 것입니다.

2019년, 저는 새로운 학교로 자리를 옮기며 4학년 담임을 맡게 되었습니다. 처음엔 '과연 4학년 학생들과 기업가정신 교육이 가능할까?'하는 걱정이 컸습니다. 아직은 어린 학생들에게 무리일지도 모른다는 생각이 앞섰습니다. 하지만 곧 저는 그들의 상상력과 기발함에 놀라움을 감출 수 없었습니다. 오히려 6학년보다 더 자유롭고, 경계 없는 아이디어들이 쏟아져 나왔습니다.

그해는 또 코로나가 전 세계를 공포에 떨게 하던 시기였습니다. 학교는 멈췄고, 학생들의 일상도 크게 달라졌습니다. 그 혼란 속에서 우리가 주목하게 된 문제는 바로 버려지는 마스크였습니다. 매일같이 쓰고 버려지는 마스크가

업사이클링 캠페인(위)
세탁소 옷걸이 화분(옆)

쌓여가는 현실은 학생들에게도 낯설고 충격적이었습니다. 어느 날 수업 후 교실 정리를 하던 중, 한 학생이 저를 바라보며 진지하게 말했습니다. "선생님, 마스크를 잘라서 인형에 넣으면 안 될까요?"라는 말을 듣자마자 크게 순간 당황했습니다. 인형을 만들어본 적도 없었고, 그럴 생각조차 해본 적 없었기 때문입니다. 하지만 그 학생의 눈빛은 마치 저에게 꼭 한번 해보자는 것처럼 보였습니다. 제가 만약, 자신없다고 포기하는 모습을 보여주면 학생들에게 도전의 가치를 전하지 못할 것 같아서 저는 다시 재봉기 앞에 앉아 한 번도 만들어 보지 않은 인형 만들기를 하게 되었습니다.

우리는 사용한 마스크를 삶아 깨끗이 세척한 뒤, 안쪽 솜을 잘게 잘라 인형 속을 채워 넣었습니다. 팔이 삐뚤어지고 바느질이 엉성해도 괜찮았습니다. 학생들은 저마다 만든 인형을 품에 꼭 안고 말했습니다. "선생님, 이 친구는 환경을 지키는 우리처럼 히어로예요."

그 한마디를 듣는 순간, 이 프로젝트가 학생들에게도 잊지 못할 감동의 경험이 되었음을 깨달았습니다.

'HEROES PROJECT'로 더 나은 세상을 꿈꾸다!

코로나로 멈췄던 교실이 다시 열리고, 저는 또 한 번 새로운 학교로 자리를 옮기게 되었습니다. 그곳에서 아이들과 처음 시작한 프로젝트는 '세탁소 옷걸이 식물 거치대' 만들기였습니다.

어느 날 한 학생이 조심스럽게 물었습니다.

"선생님, 세탁소 옷걸이는 철사로 만들어졌는데 왜 철

이랑 같이 버리지 않고 따로 버리라고 해요?" 순간, 저는 멈 칫했습니다. 저 역시 그 이유를 정확히 알지 못했기 때문입 니다. 그래서 우리는 함께 알아보기로 했습니다. 세탁소 옷 걸이는 어떤 재질로 만들어졌는지, 왜 재활용이 어려운지, 그리고 우리가 이 문제를 해결하기 위해 무엇을 할 수 있을 지를 말입니다. 학생들은 자료를 찾아보고, 옷걸이를 직접 분해하며 탐구를 이어갔습니다.

"그냥 철사인데 왜 재활용이 안 될까?"라는 단순한 질 문은 곧 하나의 탐구 주제가 되었고, 그 과정은 우리 반의 첫 번째 프로젝트로 이어졌습니다. 옷걸이를 펴고 자르며, 3D 프린터로 연결 부품을 제작하는 활동은 수학, 과학, 미 술을 넘나드는 융합 수업으로 확장되었습니다. 그리고 그 결과물은 2024년 유네스코 국제교육포럼에 전시되었습니 다. 외국의 교사들이 보내준 박수 속에서, 학생들은 자신들 의 작품이 유네스코 국제교육포럼이라는 세계적인 무대에 소개됐다는 사실에 눈을 반짝였습니다. "선생님, 우리가 만 든 게 진짜 포럼에 전시된 거죠?"라고 묻는 학생들의 목소 리엔 놀라움과 해냈다는 자부심이 담겨있었습니다. 학생들 의 말을 듣고서 저는 다시 한 번 더 깊이 깨달았습니다. 기업가정신 교육은 뻔한 정답을 끌어내는 것이 아니라, 지금 껏 누구도 던지지 않았던 질문을 학생들 스스로가 할 수 있 게 것이라는 사실을. '왜 그래야 하지?'라는 물음은 곧 '그 렇다면 우리는 무엇을 할 수 있을까?'라는 도전으로 이어졌 고, 그 도전은 아이들을 문제를 발견하고 해결책을 고민하 는 진짜 주체로 성장하게 하고, 그런 과정 속에서 진짜 배움 이 시작되는 것을.

학생들과 함께 한 HEROES PROJECT는 모두 학생 들의 질문에서 출발했습니다. 그리고 학생들은 자신들의 질문에 해답을 찾기 위해서 부단히 노력했습니다.

HEROES PROJECT는 거창한 프로그램이 아닙니다. 하지만 그 안에는 '진짜 배움'이 담겨 있습니다.

학생들은 종종 말합니다. "선생님, 이건 수업 같지 않 아요. 그런데 정말 재밌어요." 그 말을 들을 때마다 저는 교 육의 본질을 다시 떠올립니다. 학생들이 자기 삶과 연결된 질문을 스스로 던지고, 해답을 찾아가는 과정. 바로 그것이 교육이어야 한다고 믿고 있습니다.

저는 확신합니다. 학생들은 어른들이 생각하는 것보 다 훨씬 큰 가능성을 품고 있다습니다. 어른이 조금만 길을 열어주면, 학생들은 자기만의 길을 만들어 나갑니다. HEROES PROJECT는 그 길 앞에서 조용히 손을 내미는 따뜻한 응원입니다.

오늘도 우리 교실에는 또 다른 문제에 도전하는 작은 영웅들이 있습니다. 저는 그들의 곁에서 조용히 지켜보며, 그들이 만들어갈 더 나은 세상을 기대하고 있습니다. 이 여정을 가능하게 해준 건 함께 고민해 준 동료 교사들입니다. 그 중심에는 언제나 전국청소년기업가정신교육연구회가 있었습니다.

연구회 활동을 통해서 기업가정신 교육은 거창한 창업의 성과가 아니라, 생활 속 문제를 발견하며 더 나은 세상을 향해 꾸준히 도전하고 노력하는 과정이라는 것을 깨달았습니다. 무엇보다 전국청소년기업가정신교육연구회 선생님들과 나눈 토론과 연대는 제가 흔들림 없이 이 길을 걸어올 수 있도록 해준 든든한 버팀목이었습니다. 이런 연구회 활동을 통해서 HEROES PROJECT의 의미와 목적을 갖게 되었고, 저의 교사 생활을 지탱해주는 힘이 되었습니다. 기업가정신 교육을 하는 동안, 저 혼자였던 적은 단 한 번도 없었습니다. 함께 고민하고, 실수하고, 다시 일어서는 연구회가 늘 있었습니다. 그리고 지금 이 글을 읽고 있는 선생님께 드리고 싶은 말은 "처음 잘 하려고 애쓰지 않아도 됩니다."입니다. 기업가정신 교육은 아이들과 함께 웃고, 질문하고, 어설프게라도 시작해보는 것, 그것만으로도 충분합니다. HEROES PROJECT는 그렇게 시작됐고, 지금도 그렇게 계속되고 있습니다.

그리고 마지막으로, 매일 저에게 감동과 용기를 주는 학생들에게 전하고 싶습니다.

"여러분은 선생님에게 가장 큰 선물이에요. 여러분 덕분에 매일 아침 다시 교실 문을 열 수 있어요. 함께 웃고, 고민하고, 도전하는 여러분이 있어서 선생님은 더 단단해졌어요. 고맙습니다."

좌충우돌하던 교사,
잠깐 멈춰 돌아보다

(조숙영)
시화중학교 진로 교사

2020 기업가정신에 첫발 떼다

제가 기업가정신을 알게 된 것은 2020년 봄이었습니다. 진로 교사가 되려고 교육대학원에 다니면서 기업가정신이라는 존재를 처음 알게 되었고, 진로 교사가 되려면 왠지 알아두어야 할 것 같아서 관심을 가지기 시작했습니다. 그렇게 생각해서 그런지 기업가정신에 관한 연수도 눈에 들어오고, 다른 교사로부터 기업가정신에 관한 여러 정보를 듣기도 했습니다.

교사 생활 20년 넘어설 때까지 듣지도 보지도 못한 존재였는데, 뒤늦게 완전히 그것의 매력에 빠졌습니다. 처음 접한 이후 온종일 기업가정신 생각만 하는 것이 신기하기도 합니다. 한편으로는 그동안 기업가정신을 몰랐던 세월이 아쉽기도 합니다.

기업가정신에 관해 알고 싶어서 무작정 관련 연수를 신청했습니다. 한국청년기업가정신재단에서 진행하는 이틀짜리 연수였습니다. 마침 방학이라 하루 종일 연수를 들으며 새로운 세상에 빠져들어 갔습니다. 어려운 내용이 많았지만, 한 번도 경험하지 못한 내용이라 재미있었습니다.

마침 제가 1학년 부장이어서 새로운 체험학습을 찾고 있던 중이라 거기서 바로 강사님의 연락처를 받아, 우리 학생들도 경험하게 해주리라 다짐했습니다. 강사님이 초대해주신 전국청소년기업가정신교육연구회(이후 전기연) 밴드에 들어가게 되었고, 거기에서 다양한 선생님들이 올려주시는 학습 자료와 동아리 활동 자료들도 보면서 내년에는 저도 관련 동아리를 만들어야겠다고 생각했습니다.

2021 기업가정신의 세계로 빠져들다

2021년은 코로나가 한창일 때라 줌 수업이 어느 정도 정착해 나가던 시기여서 체험학습도 줌으로 시도해보기로 했습니다. 학생들을 줌으로 모으고 강사님을 초대해 기업가정신을 학생들에게 소개했습니다. 우리 중학교 1학년생들에게는 코로나도 처음, 중학교도 처음, 기업가정신도 처음인지라 어리바리했을 테지만, 우리 학생들에게 이런 세상을 알려준다는 것에 저는 매우 큰 자부심을 느꼈습니다.

처음에는 지난해 연수 때 배운 내용들을 참고해가면서 '나도 사업가' 동아리 계획서를 만들고, 동아리 회원을 모집했습니다. 아무것도 몰라도 일단 시작해놓아야 저도 배울 수 있을 것 같았습니다. 주 1회 진행되는 동아리 시간은 그야말로 좌충우돌이었습니다. 연수 때 체험해봤던 것으로 수업을 준비하면, 학생들은 제 예상과는 전혀 다른 반응들을 보여주었습니다. 저는 수업이 잘 진행되지 않을 때마다 식은땀을 흘렸습니다.

그러나 좌절만 하고 있을 수는 없었습니다. 다음 주를 위해 또 준비해야 했고, 전기연 밴드에 자주 가서 제가 활용할 만한 내용을 찾아보는 것을 습관으로 삼았습니다. 이때 초심자의 고민을 전기연 밴드에 올리면, 많은 분들이 기다렸다는 듯이 도와주시고, 격려의 멘트를 남겨주셨습니다. 내가 인큐베이터에서 양육되고 있다는 느낌을 받았습니다.

제가 더 배워야 한다는 생각에 아산나눔재단의 티처프러너Teacher-Preneur 7개월 과정에 도전하기로 했습니다. 교육대학원 과정을 밟고 있는 중이라 해낼 수 있을까 고민했는데, 이때도 티처프러너를 이미 경험하신 전기연 선배님께 여쭤보았습니다. 고맙게도 같이 고민해주셔서 마침내 하기로 결정하는 데 도움이 되었습니다.

주변에서는 무슨 교사 연수를 면접시험까지 치르면서 하냐고 말했습니다. 하지만 저는 신청 에세이를 한 페이지 넘게 써내고, 1차에 합격해 줌으로 면접까지 치르는 과정을 오롯이 수행했습니다. 그만큼 가치 있다고 생각했기 때문입니다. 면접 이후 복통이 심해서 한동안 누워 있어야 할 정도로 긴장했지만, 다행히 최종 합격해서 방학 중 연수 장소에 가게 되었습니다.

3박 4일 동안의 합숙 연수였는데, 코로나 시국이라 감염의 위험이 있다며 가족들의 반대가 심했습니다. 그럼에도 저는 강행했고, 결국 다음 해 2월에 7개월의 과정을 마치고 우리 팀만의 교육과정을 완성했습니다. 우리 팀의 능력자들 덕분에 무사히 과정을 마칠 수 있었습니다.

초심자로서 이 과정을 통해 많이 배울 수 있었습니다. 하지만 아직 덜 성숙한 아이에게 조기교육만으로는 성취가 안 일어나듯이, 소나기 쏟아지듯 교육이 이루어지는데 저는 기초가 너무 없어서인지 다 받아들일 수가 없었습니다. 저는 그 점이 너무 안타까웠고, 기업가정신마저 너무 어렵다고 느껴졌습니다. 이 부족함을 이제부터 하나하나 직접 겪으면서 채워 나가야겠다고 생각했습니다.

2022 기업가정신교육이 활성화되다

2022년은 진로 교사로서 새로 발령받은 해입니다. 2월에 발령을 받고 나서 저는 바로 2022학년도 청소년 비즈쿨 사업을 신청했습니다. 학교에 대한 사전 정보가 없어서 홈페이지의 교육 계획서를 참고해 학교 현황을 작성하고, 따로 교장선생님께 말씀드려서 교장선생님의 개인 정보를 입력하는 과정을 거쳤습니다. 신청이 참 복잡해서 '내가 왜 이걸 이렇게 하고 있지'라고 반문하기도 했습니다.

티처프러너 연수를 받는 동안 우리 팀의 다수가 각 학교에서 청소년 비즈쿨 사업을 하고 있었습니다. 이 분야에 경험이 없던 저는 왠지 이걸 해야 부족한 부분을 채울 수 있을 것 같았습니다. 때마침 학교로 비즈쿨 사업 추가 신청 공문이 와서 홀린 듯이 신청했습니다.

청소년 비즈쿨 사업은 한 번 선정되면 2년 동안 진행되는 사업입니다. 그런데 중간에 포기하는 학교들이 있어 결원이 생기면서 마침 추가 신청을 받는 터라, 제가 신규 학교로 신청했는데도 선정되었습니다. 청소년 비즈쿨에 경험이 많아진 이후 우리 학교도 선정되지 못하고 예비 지정을 받은 적이 있는 것으로 보아, 이때 우리 학교가 선정된 것은 운이 좋아서였던 것 같습니다.

청소년 비즈쿨 신청부터 운영하는 내내 궁금한 것이나 해결되지 않는 많은 문제들은 티처프러너에서 우리 팀의 팀장이었던 선생님의 도움을 많이 받았습니다. 팀장님은 제가 전화해서 궁금한 것을 물어보면 어떤 상황에서든 최선을 다해서 문제를 해결할 비책을 알려주었습니다. 그리고 자신의 계획서 등 자료를 아낌없이 내어주곤 했습니다.

팀장님이 없었다면 저는 청소년 비즈쿨을 한 해만 하고 더 이상 신청하지 못했을 것입니다. 신참자가 하기엔 사업이 너무 까다롭고 할 일이 많기 때문입니다. 제가 청소년 비즈쿨 사업을 지금까지 계속할 수 있는 것은 8할이 우리 팀장님 덕분입니다. 이 자리를 빌려서 팀장님께 감사와 애정을 보냅니다.

청소년 비즈쿨 1년 차 때는 사업이 운영되는 10개월 동안 좌충우돌의 연속이었습니다. 청소년 비즈쿨이라는 단어를 들어본 적도 없는 관리자분들과 행정실 직원들에게 나도 모르면서 설명을 해야 했고, 진로 교사로서도 첫 해였기 때문에 학교에서 내 위치를 자리매김하는 것에 힘써야 하는 상황에서 새로운 사업이 힘에 부쳤습니다.

학교 내 담당자가 두 명 이상이어야 한다고 해서, 우리 부서 선생님에게 같이해보지 않겠느냐고 권유했습니다. 그렇게 아무것도 모르는 그와 함께 둘이서 시작을 했습니다. 그래도 어찌어찌 최소한으로 계획한 사업들을 해 나갔고, 연차 보고서를 기한 내에 써서 보냈습니다.

보고서 분량은 만만치 않았습니다. 행정실의 협조를

받아 정산 자료를 만드는 것도 보통 일이 아니었습니다. 아는 것보다 모르는 것이 더 많았고, 모두 처음 하는 일들이었습니다. 이런 세상이 있었다니……. 교직 생활 20년이 넘는 동안 비즈쿨은 듣도 보도 못한 사업이었습니다. 그냥 무사히 1년을 마치는 것에 의미를 두고, 첫 경험으로 삼기로 했습니다.

그렇다고 2년 차에 더 나아진 것은 별로 없었습니다. 다만 작년에 해본 것이 있어서 그에 기초해서 비슷하게 계획을 세우고 꾸려 나갔습니다. 처음 해보는 일에 큰 기대를 걸지 않는 것이 좋은 태도라고 위안하며, 나 혼자 사업을 실행해 나갔습니다. 우리 부서 선생님은 다른 사업들이 많아 이름만 빌려준 셈이었습니다. 다만, 주변 사람들에게 홍보하는 것을 좀 더 했달까. 아니, 제가 늘 비즈쿨 생각만 하고 있고, 주변의 친해진 선생님들에게 그런 저의 일상을 전달하다 보니 차차 퍼지기 시작했다고 하는 편이 더 맞을 것 같습니다.

아무것도 몰랐지만 저는 비즈쿨에 관심의 끈이 놓아지지 않았습니다. 잘해보고 싶은 마음이라기보다는 어떻게든 기본이라도 해내야 한다는 절박함이 더 컸던 것 같습니다. 2년 차도 그렇게 저렇게 지나갔지만, 그래도 나아진 점이 있었던지 3년 차에는 사업비도 더 늘어서 나왔습니다. 게다가 2년 차 말에는 우리 학교 우수 학생이 청소년비즈쿨협의회장상을 받기도 했습니다.

3년 차가 되면서 주변의 친한 선생님들이 비즈쿨 동아리를 함께하겠다고 신청하기 시작했습니다. 첫 해에는 비즈쿨 동아리 두 개로 시작했는데, 어느덧 동아리가 네 개로 늘었습니다. 전문적 학습 공동체 시간에 기업가정신 ESGEnvironment, Social, Governance 교육도 하고, 업사이클링 제품도 제작해보면서 교사들의 관심도 끌 수 있도록 기획했습니다.

네 개 동아리의 활동이 풍부해지고 연차가 어느 정도 쌓였기 때문인지, 혹은 주관 기관의 평가 방식이 바뀐 때문인지, 3년 차 사업 평가에서 우리 학교가 '탁월'을 받고 사업비도 두 배로 늘었습니다. 사실 3년 차의 사업 계획서가 바로 선정되지 못하고, 예비를 받았다가 추가 선정되었습니다. 그런데 성과 평가에서 '탁월'을 받으니 좀 많이 놀랐습니다.

무엇 때문일까 아무리 생각해봐도 정확히는 잘 모르

겠습니다. 하지만 이를 계기로 학교에서는 관리자들이 비즈쿨을 대단하게 봐주시고, 관심을 갖는 교사도 더 많아졌습니다.

올해는 청소년 비즈쿨 4년 차입니다. 다양한 모색을 시도하는 비즈쿨 동아리가 일곱 개나 되고, 매우 활동적이고 에너지가 많은 담당 교사와 함께합니다. 올해는 비즈쿨 담당 교사 협의회에 이 사업에 관심 있는 교사와 같이 갈 수 있었습니다. 협의회에 가서 전기연 회장님께 우리 학교 비즈쿨 후배님을 소개할 수 있어서 너무 뿌듯하고 자랑스러웠습니다.

학교에서도 비즈쿨 교사 협의회와 주기적인 동아리 대표 모임을 통해 다른 동아리의 활동 상황을 공유하면서 앞으로 어떤 방향으로 나아갈지 모색하는 시간을 갖고 있습니다. 학교 관리자들도 비즈쿨 동아리의 비약적인 확대에 많이 놀라시고 응원도 해주고 계십니다.

리프티(Re Project Teacher) 경주 암곡 폐교 전시회에
교사와 학생 리폼 작품 전시

기업가정신반의 지구를 살리는 내 옷 리폼 수업 후 기념 촬영

2025 기업가정신교육의 비전을 생각하다

저는 우리 학교에서 올해를 비즈쿨 부흥의 해로 보고 있습니다. 비즈쿨 동아리의 확대와 교사들의 관심으로 올 한 해 매우 활발해질 것으로 예상합니다. 비즈쿨 사업비도 올해 더욱 확대되면서 학교 축제 때도 활용하기로 했습니다. 이를 계기로 우리 학교에서 비즈쿨의 기업가정신을 확산시킬 수 있을 것 같다는 생각을 하고 있습니다.

또한 새로운 담당자를 찾아서 비즈쿨 사업이 학교에 잘 정착하게 해야 한다는 사명을 갖고 있습니다. 공립 교사는 5년마다 학교를 옮겨야 하는 숙명을 안고 있는데, 이동하기 전에 교사들을 잘 준비시켜야 한다고 생각합니다. 그래서 저는 후배님들께 전기연의 기업가정신 자격증 연수를 추천했고, 다행히 두 분이 신청한 뒤 선정되어서 기분 좋은 기대를 하고 있습니다.

돌아보다

기업가정신을 처음 알게 되면서부터 이제까지 부족하고 아쉬운 부분을 채워야 한다는 생각에 계속 앞만 보고 열심히 달려온 것 같습니다. 이번 10주년 기념 출판을 위해 원고를 작성하면서 발자취를 정리해보니 나의 기업가정신 교육에 대해 되돌아보게 되었고, 그 의미를 생각한 시간이었습니다.

기업가정신을 처음 알면서는 알을 깨고 나온 느낌이었습니다. 첫 만남부터 매우 신선한 충격이었고, 나의 관심을 끌었으며, '왜 이제껏 몰랐을까?' 하는 아쉬움이 남았습니다. 그래서 그 속에 풍덩 뛰어들어 지금도 달리고 있습니다. 한편으로는 의미 있는 일에 기여하고 있다는 자부심도 느낍니다.

학교의 관리자들은 제가 왜 비즈쿨 사업에 이렇게 열심인지 궁금해하십니다. 저는 가까이에 있는 사람들이 비즈쿨을 열심히 하는 모습을 보면서 영향을 받는 것 같습니다. 처음에는 티처프러너의 우리 팀 선생님들이, 지금은 더욱 관계가 넓어져서 함께하는 전기연 공동리더 선생님들의 영향인 듯합니다. 전기연 공동리더 모임에 가면 "의미 있는 일을 함께하고 있다"는 자부심과 전기연의 모토처럼 "좋은 것은 공유되어야 한다"라는 책임감 같은 것을 느낍니다.

기업가정신을 통해 개인적으로는 이제껏 모르던 저의 재능과 관심사를 알게 되었습니다. 인형 만들기부터 시작해서 현재 리폼의 세계에 빠져 아이들과 함께하고 있는데, 아직 부족함이 많지만 계속하고 싶은 창작욕은 샘솟습니다. 같이 리폼을 하는 학생들도 너무 재미있어 하고, 해가 갈수록 잘 해내는 모습을 보면서 뿌듯함을 느낍니다.

또한 창의력은 관찰과 문제 해결을 통해 '키워지는 것'이라는 생각이 확고해졌습니다. 저는 창의력이 없다는 생각이 들어 의기소침해질 때가 많았습니다. 기업가정신 교육을 하면서 저의 창의력이 무럭무럭 자라나고 있는 것을 느낍니다. 앞으로 기업가정신 교육을 더욱 열심히 해야겠다는 생각을 합니다.

하지만 아직도 갈 길이 멉니다. 참 멉니다. 이번에 공개수업을 하면서 창업과 창직 수업을 준비했는데, 전공자가 아닌 사람의 부족함을 많이 느꼈습니다. 앞으로도 저의 기업가정신에 대한 탐구는 계속될 것 같습니다.

'나다운 삶'을 찾아가는 여정에서 만난 진로 연계 기업가정신

(김경민)

천안동성중학교 진로 교사

나다운 교육을 찾아가는 길

요즘 학교 교육은 단순히 지식을 전달하는 데 머물지 않습니다. 학생이 '어떤 사람이 되고 싶은지', '무엇을 위해 살아가고 싶은지'를 스스로 탐색하도록 돕는 것이야말로 오늘날 교육이 지향해야 할 본질적인 방향입니다. 이러한 변화의 중심에는 바로 진로 교육과 기업가정신 교육이 있습니다.

진로 교육은 학생이 자신의 흥미와 강점, 가치관을 들여다보며 미래를 설계하도록 이끌어줍니다. 기업가정신 교육은 일상 속 문제에 주목하고 그 해결을 위해 도전하는 실천적 역량을 기르게 합니다. 두 영역은 서로를 보완하며, 학생이 '나다운 삶'을 주도적으로 설계하는 힘을 기르는 데 깊은 의미를 지닙니다.

2014년 자유학기제가 전국 중학교에 전면 도입되던 때였습니다. 저는 교사로서 중요한 질문 하나를 마주하게 되었습니다. '아이들과 어떤 수업을 만들어가야 할까?'였습니다. 자유학기 활동 중 하나인 주제 선택 활동을 어떻게 구성할지를 고민하면서, 저는 처음으로 기업가정신과 창업 교육을 본격적으로 탐색하게 되었습니다.

사실 그 전까지는 각종 연수를 통해 어렴풋이 접했던 기업가정신 교육이 다소 추상적으로만 느껴졌습니다. 하지만 직접 아이들 눈높이에 맞는 커리큘럼을 만들어보고자 했던 시도는, 저를 새로운 배움의 길로 이끌었습니다. 지금 돌이켜보면 그 과정이 저를 참 많이 성장시켜 주었습니다.

처음에는 낯설고 어려웠던 이 교육이 어느 순간 제게 중요한 삶의 주제가 되었습니다. 처음 자유학기제를 통해 기업가정신 교육을 시도하면서, 저는 수업 안팎에서 다양한 도전을 이어갔습니다. 학생 주도의 수업 디자인을 구상

천안동성중 '창업! 미니 컴퍼니, 경영! 마이라이프'

꿈 많은 중학생 '창업 열정' 일깨운다

천안동성중 김경민 교사가 말하는 주제선택 활동

"작은 생각거리 하나에 아이디어 무궁무진"

자유학기제 주제 선택 활동("창업! 미니 컴퍼니, 경영! 마이 라이프")
우수 사례 기사

해서 운영해보고, 진로와 연계한 다양한 분야와 접목해 융합 교육 사례를 개발하기도 했습니다.

그러던 중 교육부 주관으로 열리는 여러 자리에서 전국의 교사들과 이러한 사례들을 공유하고 강연할 기회를 많이 얻게 되었습니다. 낯선 시도였지만 현장에서 만난 교사들과의 활발한 교류는 제게도 깊은 자극이 되었습니다.

지금 돌아보니 어느새 교사로서의 시간 중 절반 이상을 진로 교육과 기업가정신 교육에 쏟아오고 있었습니다. 그만큼 저에게 이 교육은 단지 하나의 수업 주제를 넘어, 아이들과 함께 삶을 탐색하는 의미 있는 여정이 되어 있었습니다.

교실 안에서는 날마다 새로운 장면들이 펼쳐졌습니다. 아이들은 자신의 가능성을 조금씩 발견하고, 배움을 통해 세상과 연결되려는 움직임을 보여주었습니다. 그 모습들은 제게 잊을 수 없는 감동으로 남아 있습니다.

그 과정에서 저는 끊임없이 스스로에게 질문을 던졌습니다. '나다운 교육이란 무엇일까?', '나는 교사로서 어떤 영향을 줄 수 있을까?' 그 질문들에 대한 답을 찾기 위한 작은 시도들이 쌓여, 저만의 교육 이야기가 만들어졌습니다.

아이들이 어떻게 '배움'에서 '도전'으로, 그리고 그 도전이 다시 '삶'으로 이어지는지를 지켜보는 일은 교사로서 가장 뜻 깊은 경험이었습니다.

이 글을 통해 저와 아이들이 함께 만든 따뜻한 변화의 순간들을 나누고 싶습니다. 그것이 누군가에게 또 다른 질문이 되고, 새로운 시작이 되기를 바라는 마음입니다.

삶을 움직이는 내면의 동력
- 나의 가슴 뛰는 삶을 위한 도전! 프로젝트

진로와 기업가정신 교육은 반드시 창업이라는 결과로 이어져야 하는 것은 아닙니다. 오히려 중요한 것은 학생이 자신의 삶을 들여다보고, 마음을 끌어당기는 일에 몰입하며, 스스로 세운 목표를 향해 움직여보는 과정 그 자체입니다. 이 경험은 단지 진로 탐색을 넘어, 자신의 삶을 주도적으로 살아가는 힘을 길러주는 귀한 자양분이 됩니다.

이러한 관점에서 저는 방학 기간 동안 "당신은 도전자입니까?"라는 물음을 중심으로 '나의 가슴 뛰는 삶을 위한 도전! 프로젝트'를 기획한 바 있습니다. 학생들이 평소 마음속에 품고 있던 열망에 진심으로 다가가보고, 스스로의 가능성을 실험해보는 기회를 만들어주고 싶었습니다.

결과는 놀라웠습니다. 한 학생은 예술고 진학의 꿈을 안고 '나만의 그림체 찾기'라는 주제로 자신만의 화풍을 탐색했습니다. 또 다른 학생은 과학에 관심이 많아 '두 발로 걷는 로봇 만들기' 프로젝트에 몰입하며 로봇공학자의 미래를 그려 나갔습니다. 그 외에도 제빵 자격증 취득, 한국사 능력시험 준비, 유튜브를 통한 악기 연주 도전 등 각자의 관심 분야에서 4주간 열정적으로 자신을 밀어붙인 아이들의 모습은 정말로 다 담기 어려울 만큼 감동적이었습니다.

아이들은 방학 동안의 도전기를 수업 시간에 서로에게 공유하며, 도전의 의미와 성장을 함께 나누었습니다. 그 발표는 또 다른 친구들에게 신선한 자극이 되었고, 서로의 열정이 긍정적으로 번져 나가는 소중한 배움의 순간이 되었습니다.

아이들은 이 프로젝트에 도전한 뒤에 이렇게 말했습니다.

"처음으로 내 진로를 위해 스스로 노력했던 기억이 참

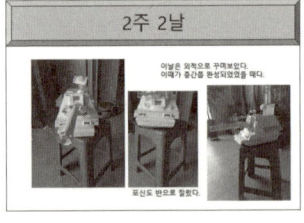

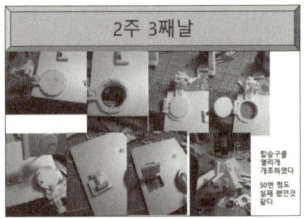

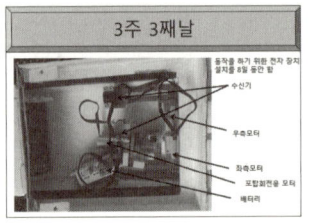

설계부터 조립, 전기적 구동까지 탱크 무기 모델을
직접 만드는 학생의 도전 사례

소중하게 남았어요."

　"실패해도 괜찮다고 느끼니까 오히려 더 해보고 싶어

졌어요."

　진로와 기업가정신 교육은 이처럼 학생들 스스로 삶

의 의미를 만들어가는 능동적 여정입니다. 반드시 눈에 보이는 성과로 이어지지 않더라도, 무언가에 진심으로 도전해본 기억은 앞으로 삶을 살아가는 데 있어 든든한 내면의 동력이 되어줄 것입니다. 그 모든 변화의 시작은 아주 단순한 질문에서 비롯되었습니다.

"당신은 도전자입니까?"

아주 작은 질문이 세상을 바꿀 수 있다면

"쌀쌀맞은 곤약면"으로 세상을 바꾸다 – 조리해드림Dream팀의 여름 도전기

어느 무더운 여름날 조용한 학교 도서관. 그곳에 학생 다섯 명이 모였습니다. 조리사, 창업가, 제과제빵사, 외식경영 전문가를 꿈꾸는 학생들, 그리고 아직 자신만의 길을 찾고 있는 한 학생까지. 이들은 '조리해드림Dream'이라는 이름으로 팀을 결성했습니다. 식품·외식산업 분야에 관심 있는 이들이 함께한 5개월간의 진로 창업 프로젝트가 이렇게 시작되었습니다.

이 프로젝트는 단순한 활동을 넘어 진로 캠프, 현장 체험, 성과 발표까지 이어지는 긴 여정이었습니다. 이 과정에서 아이들은 생활 속 작지만 본질적인 질문들을 던지기 시작했습니다.

"쌀은 늘 남아도는데 왜 제대로 활용하지 않을까?"

"학교 급식의 면 요리는 왜 늘 불어서 맛이 없을까?"

이 단순한 질문은 곧 새로운 가능성의 출발점이 되었습니다. 아이들은 이 문제를 해결하기 위한 아이디어를 고민한 끝에, '쌀쌀(米米)맞은 곤약면'이라는 창업 아이템을 고안하게 되었습니다. 이 면은 쌀가루, 곤약, 콜라겐을 결합해 포만감을 높이면서도 불지 않는 혁신적인 면 요리를 가능하게 합니다. 건강, 다이어트, 식감 유지라는 다양한 소비자 니즈를 충족시키는 제품이었죠.

시제품 개발 과정은 결코 순탄치 않았습니다. 수없이 반복된 실험, 예상치 못한 재료의 반응, 팀원 간의 의견 충돌까지. 그러나 이 모든 과정이 곧 배움이었고 성장의 계단이었습니다. 그리고 그 결실은 놀라웠습니다. 이 창의적인 아이디어는 전국 중학생 식품산업 아이디어 대회에서 대상을 수상하게 되었고, 아이들은 자신들의 생각이 실제로 사

"내가 바꿀 수 있는 세상, 그 가능성을 처음 느꼈어요."

회적 가치를 가질 수 있음을 경험했습니다.

지금 생각해보면 당시 특허까지 진행하지 않은 아쉬움이 컸고, 그 이후에 이러한 재료 조합으로 시장에 출시되는 것을 바라보기만 했습니다. 그러나 이 프로젝트는 단순히 제품을 만드는 활동을 넘어, 자신의 진로를 주도적으로 설계하고, 사회와 연결해보는 살아 있는 배움의 장이었습니다. 그리고 그 모든 시작은 아주 사소한 질문, 작은 호기심에서 비롯되었다는 것을!

나만의 방식으로 세상에 답하다
디자인 씽킹 기반 ESG와 생태 전환 보드게임 융합 프로젝트

어느 날 교실, 아이들이 둘러앉아 고심 끝에 한 장의 카드에 문장을 적습니다.

"이 선택은 생태계를 살릴까, 파괴할까?"

그 한 장이 누군가에겐 배움의 전환점이 되고, 또 누군가에겐 자신의 진로를 처음 진지하게 그려보는 계기가 됩니다. 이 수업은 그렇게 한 줄기 질문에서 시작됐습니다.

우리가 마주한 시대는 기후 위기와 생태적 전환을 더 이상 미룰 수 없는 시간에 놓여 있습니다. 하지만 정작 학교 현장에서는 그 절박한 과제가 어떻게 아이들의 삶과 연결될 수 있을지 여전히 고민이 많습니다. 이 수업은 그런 물음에 대한 작은 실천이었습니다.

읽고, 질문하고, 삶으로 연결하다
아이들은 먼저 환경, 생태, 기후 위기를 주제로 한 책을 함께 읽었습니다.

"왜 북극곰은 먹이를 찾지 못할까?"

"플라스틱 한 조각이 바다에 미치는 영향은 무엇일까?"

짧은 문장 속에 담긴 무거운 질문들은 곧 아이들의 토론과 탐색으로 이어졌고, 환경 문제를 지식이 아닌 '나의 문제'로 마주하는 시간이 되었습니다.

보드게임으로 문제를 디자인하다

다음 단계는 디자인 씽킹Design Thinking. 공감, 문제 정의, 아이디어 도출, 시제품 제작, 피드백의 과정을 따라 아이들은 이제 문제 해결자가 됩니다.

"재미있으면서도 메시지를 담은 게임을 만들 수 있을까?"

이 질문 아래 팀을 이루고 보드게임의 주제와 구조, 규칙을 스스로 설계합니다. 어떤 게임은 쓰레기 섬을 정화하는 과정을 담았고, 또 다른 게임은 자원의 선택과 책임을 점수화하여 지속 가능한 실천의 의미를 자연스럽게 녹여냈습니다.

과정은 쉽지 않았습니다. 규칙을 정하는 데 의견이 엇갈리기도 하고, 시제품을 만들다 되돌리기도 했습니다. 하지만 그 모든 과정 속에서 아이들은 자신이 단지 수업의 수용자가 아니라 의미를 설계하는 창조자로 변화하고 있음을 실감했습니다.

게임을 넘은 배움, 배움을 넘은 성장

마침내 완성된 게임을 직접 플레이하며 친구들과 피드백을 주고받는 시간. 웃음과 진지함이 교차하는 그 교실 풍경 속에는 배움의 열기가 가득했습니다.

"제가 만든 게임을 통해 환경에 대해 한 번 더 생각하게 된다면, 그걸로 충분해요."

한 아이의 이 말처럼 이 수업은 환경과 연관된 ESG Environmental Social Governance(환경, 사회, 지배구조), 생태 전환과 같은 시대적 키워드와 디자인 씽킹이라는 창의적 문제 해결 도구, 그리고 게이미피케이션(Gamification, 게임의 재미 요소를 활용해 다른 분야에서 활용하는 것)을 통한 실천적 학습. 즉 게임이 아니라 학생들의 눈빛 속에서 피어난 주도성이었습니다.

학생들은 이 과정을 통해 보드게임 디자이너라는 진로를 탐색했을 뿐 아니라, 지속 가능한 사회를 위한 아이디

〈교과융합수업 1〉 생태를 구조하라! ESG 독서활동 연계 스타트업 챌린지

(도서1) 동물들의 위대한 법정
: 멸종위기 동물을 구하라!
(도서2) 존재하는 지구 만들기
: 우리가 할 수 있는 일은?
(도서3) 탄소중립으로 지구 살려!
: 우리가 지구를 살려요!
(도서4) 다이브
: 서두르자, 기후 위기를 위한 노력!
(도서5) 왜 플라스틱이 문제일까
: 우리가 알아보자!

〈교과융합수업 사례〉 (ESG / 생태전환) 내용을 품은 Ludo Ludo 보드게임 디자이너

(디자인씽킹 5단계 적용)

ESG + 디자인씽킹 + 게이미피케이션 + 메이커활동

생태전환교육 보드게임 디자인

< →(5-6차시) 프로토타이핑 →(7차시) 피드백 활동
→(8차시) 정리, 마무리 활동 >

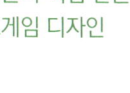

아이들이 직접 만든
보드게임 디자인

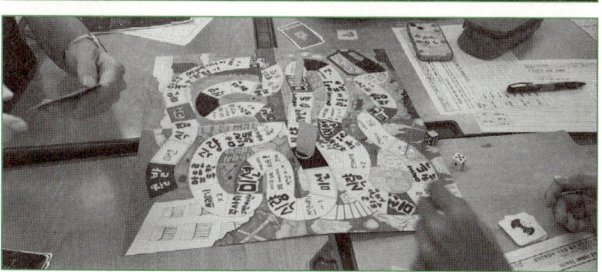

어를 제안하는 생태적 감수성을 지닌 시민으로 한 걸음 다가섰습니다. 교육이란 단순히 지식을 전달하는 것을 넘어, 세상을 바라보는 새로운 시선을 길러주는 것임을 다시금 느끼게 해준 시간이었습니다.

'나다운 것'을 찾는 여정, 그 시작은 진로 연계 기업가정신 교육

진로와 기업가정신 교육은 결국 아이들에게 나다운 삶을 설계할 수 있는 힘을 길러주는 교육입니다. 내가 좋아하는 것, 잘하는 것, 관심 있는 문제를 스스로 발견하며, 그 문제를 해결하기 위해 실패를 두려워하지 않고 도전하는 것. 이 모든 과정이 바로 기업가정신입니다.

교사와 학부모, 그리고 교육에 관심 있는 모든 분이 함께 고민해 주셨으면 합니다. 지금의 아이들은 단지 어떤 직업을 가질 것인가를 고민하는 것이 아니라, 어떻게 살아갈 것인가, 어떤 가치를 위해 일할 것인가를 성장해 가면서 고민하게 됩니다.

우리 교육은 아이들에게 그 답을 스스로 찾아갈 수 있

는 기회와 시간을 줘야 합니다. 도전하고 또 실패해도 괜찮은 환경, 그리고 자기 방식대로 미래를 설계할 수 있는 여지. 그 안에서 아이들은 비로소 '나다운 삶'을 그려갈 수 있을 것입니다. 그 여정의 동반자로 진로교육과 기업가정신 교육이 함께하기를 진심으로 바랍니다.

배우고 나누고 함께 성장하는
기업가정신 융합 교육

(이윤숙)

인천금융고등학교 디자인 교사

움츠린 아이들, 세상 밖으로 작은 발걸음을 내딛다

교단에서 아이들을 마주할 때마다 늘 같은 고민에 빠졌습
니다. 급변하는 세상 속에서 아이들이 자신을 잃지 않고, 스
스로 삶의 주인이 되는 경험을 어떻게 선물할 수 있을까?
이 질문이 제가 아이들의 행복한 성장을 위해 기업가정신
교육에 관심을 갖게 된 계기였습니다. 거창한 성공보다는
아이들이 각자의 자리에서 작은 도전을 시작하고, 그 속에
서 소박한 성장을 경험하는 것에 의미를 두었습니다.

무엇보다 이 활동을 계속하는 가장 큰 이유는 아이들이 활동하며 진정으로 행복해하는 모습을 보았기 때문입니다. 서툰 손으로 만든 작품이 팔릴 때의 환한 미소, 문제 해결을 위해 머리를 맞대고 서로에게 힘이 되어주는 모습, 그리고 작은 나눔을 통해 느끼는 따뜻한 뿌듯함. 이 모든 순간이 저에게 '이것이 진짜 교육이구나' 하는 깨달음을 주었습니다. 기업가정신 교육은 아이들에게 '창업가'가 되라고 강요하기보다, 자기 삶의 주인이 되어 문제를 해결하고 새로운 가치를 만들어내는 즐거운 경험을 제공하는 과정이었습니다.

이 글에서는 우리 아이들이 어떻게 변화를 시작했고, 그 과정에서 어떤 소중한 깨달음을 얻었는지 함께 나누고자 합니다.

청소년 비즈쿨과의 인연과 변화

아이들의 행복한 성장을 고민하던 중, 2018년 일만 많아진다는 주변의 반대에도 불구하고 청소년 비즈쿨 운영을 신청하여 현재까지 활발하게 활동하고 있습니다.

처음에는 단순한 만들기와 판매 활동으로 시작했지만, 시간이 지날수록 비즈쿨 활동이 단순히 사업을 넘어 기업가정신과 다양한 체험을 통해 학생들이 아이디어를 도출하고 역량을 발휘하는 활동임을 깨달았습니다. 학생들은 비즈쿨 활동을 통해 협력하고 나누는 방법을 익히고, 도전 정신을 키우며 학교생활에 즐거움을 더했습니다.

혼자 시작했던 비즈쿨 활동은 이제 열 명의 선생님들과 함께하는 공동체로 성장했습니다. 6년 전부터는 교내 전문적 학습 공동체를 통해 연구를 진행하며 서로에게 든든한 지원군이 되고 있습니다. 아이들을 위해 시작한 청소년 비즈쿨 활동은 저를 더욱 적극적이고 능동적인 사람으로 변화시켰고, 저의 도전 정신도 크게 향상되었습니다.

현재 우리 학교에는 12개의 비즈쿨 동아리가 활동하며, 창업 교육뿐만 아니라 창의 혁신, 도전 실천, 소통 공감, 책임 나눔을 실천하는 기업가정신 교육에도 힘쓰고 있습니다. 학교에서는 동아리 시간과 정규 교과 시간에 비즈쿨 활동을 운영하며, 디자인 재능기부, 야생화 텃밭과 에코 스마트팜 운영, 각종 굿즈 제작 등 다양한 활동을 진행하고 있습니다. 이러한 활동들은 미래 핵심 역량인 인성을 기반으로 진로를 개척하며 성장하는 데 큰 도움을 줄 것이라 확신합니다.

교실 밖 세상에서 배우는 소중한 경험들

우리 학교에서는 학생들이 교실을 넘어 세상과 소통하며 실제적인 경험을 쌓을 수 있도록 꾸준히 지원하고 있습니다. 이러한 경험들은 아이들이 주변 환경을 이해하고, 스스로 문제를 해결하는 능력을 키우는 데 소중한 밑거름이 됩니다.

　우리 학교 비즈쿨 동아리는 수많은 외부 행사에서 부스를 운영해 지역사회와 활발하게 소통했습니다. 자발적그림동아리(자그동) 학생들은 부천국제만화축제, 인천직업교육박람회 등에서 직접 부스를 운영하며 방문객들과 교류했습니다. 처음에는 사람들 앞에 서는 것을 어려워했지만, 작은 역할부터 시작하며 점차 자신감을 가질 수 있도록 독려했습니다. 아이들은 직접 손님을 만나고 판매를 경험하며 자신감을 얻었고, 자신들의 작품을 세상에 선보이며 큰 행복을 느꼈습니다.

이 외에도 인천시교육청 글로벌 취업·창업박람회, 청소년 연합 활동 행사 등 다양한 곳에서 아이들은 직접 만든 제품을 선보이며 실전 경험을 쌓았습니다. 매년 교내 창업 경진대회를 시작으로 인천지역 청소년 창업한마당에 참가하여 사회적 가치를 생각하는 아이디어를 고민하고, 사업 계획서 작성, 모의 투자, 메이커스페이스Maker Space 활동 등을 통해 창업가 정신을 배우고 성장했습니다.

우리 학교 비즈쿨 동아리는 매년 감사의 달 5월에 비즈쿨 마켓을 열어 생태계 보존과 감사의 마음을 전하고, 아이들이 창업 실무를 경험하도록 돕습니다. 또 학교 축제에서도 비즈쿨 마켓을 운영해 수익금 전액을 7년째 인천시 시각장애인 복지관에 기부하며 나눔의 기쁨을 실천하고 있습니다. 아이들은 자신들이 만든 물건으로 누군가를 도울 수 있다는 사실에 큰 보람과 행복을 느낍니다.

매년 12월에는 지역 상가에 직접 재배하거나 제작한 화분, 드림캐쳐 등의 작품과 떡을 전달하며 이웃 사랑을 실천했습니다. 코로나19 팬데믹 당시에는 의료진에게 감사

의 위로 물품을 제작해 전달하는 등 진심 어린 나눔 활동을
꾸준히 이어오고 있습니다.

지속 가능한 가치를 찾아서

기업가정신은 자신이 하는 일이 사회에 긍정적인 영향을
미칠 수 있다는 책임감을 깨닫는 것입니다. 이러한 믿음으
로 ESG금융 동아리는 다양한 활동을 통해 아이들에게 큰
울림을 주었습니다. 이 동아리 학생들은 환경을 생각하며
에코 스마트팜 운영, 야생화 텃밭 가꾸기, 김장하기 기부 활
동을 펼쳤습니다. 플라스틱 뚜껑으로 키링 제작, 텀블러 수
집 등을 통해 환경 보호와 나눔을 동시에 실천했습니다.

특히 인상 깊었던 활동은 올해 중앙 현관에 설치된 '양
심 무인 상설 기부대' 운영입니다. 아이들은 걱정했지만,
"일단 해보자, 실패해도 괜찮다"는 격려에 자원 재활용과
나눔의 가치를 자연스럽게 체득하며 경제 개념과 사회적
책임감을 동시에 배웠습니다. 이 작은 공간에서 나눔을 실
천하는 아이들의 얼굴에는 뿌듯함과 함께 웃음꽃이 피어났

폐현수막과 친환경 재료를 활용한 환경의 날 현수막 제작

습니다.

　나아가 학생들은 재능을 활용해 지역사회에 기여하는 재능기부 활동도 활발히 펼쳤습니다. 인천시교육청 환경교육 포스터 제작, 폐현수막과 커피 박스를 활용한 조형물 제작 등을 통해 환경 보호에 힘을 보탰습니다. 또한 시각장애인 복지관 선생님들의 사연을 애니메이션으로 제작하고, 교육용 안구 모형을 3D 프린터로 제작하기도 했습니다.

　이처럼 아이들은 기술과 창의력을 필요한 곳에 나누며, 나눔의 가치가 단순히 물질적인 것이 아님을 몸소 체험했습니다. 이러한 다양한 활동은 학생들이 환경과 지속 가능한 사회에 대한 의식을 높이고, 지역사회와 나누는 기회를 제공하며, 스스로 무언가를 해낸다는 성취감과 행복을 느낄 수 있도록 도왔습니다.

학생들의 진솔한 성장 이야기

기업가정신 교육을 통해 학생들은 단순히 지식을 배우는 것을 넘어 실제적인 변화를 경험하고, 그 변화 속에서 진정한 행복의 의미를 찾았습니다.

　　장○은 학생은 진로 고민 중 비즈쿨 창업 아이템 경진대회에 도전했습니다. "일단 부딪혀보자. 실패해도 괜찮아"라는 용기로 아이디어를 구체화하고 팀원들과 협력했습니다. 좌절을 겪으면서도 창업 경진대회에서 큰 성과를 얻으며 도전의 중요성을 깨달았습니다.

　　이 학생은 힘든 과정이었지만 친구들과 함께 문제를 해결하며 느꼈던 뿌듯함과 즐거움이 가장 기억에 남는다고 밝혔습니다. 이후 해외 연수를 통해 글로벌 시야를 넓히는 동시에 진로에 대한 확신을 얻었습니다. 장○은 학생은 비즈쿨 교육이 "단순한 지식 전달을 넘어, 실제 경험을 통해 문제 해결 능력, 창의성, 리더십을 키울 수 있도록 도와주었다"고 평가했습니다.

김○미 학생은 내성적이었지만, 비즈쿨 동아리 부장을 맡으며 변화했습니다. 홍보와 판매 활동이 부담스러웠지만, 잠재력을 믿고 용기를 준 덕분에 자신감을 얻었습니다. 사람들 앞에서 작품을 소개하고 소통하는 경험을 쌓았습니다. 김○미 학생은 "내 작품에 가치를 부여하고 이를 시장에 선보이는 과정에서 창업가의 마음으로 문제를 해결하고 새로운 가치를 창출하려 노력했다"고 말했습니다. 비즈쿨 활동으로 얻은 가장 큰 성과는 자신감과 성장, 그리고 동아리 부원들과의 유대감 속에서 느꼈던 행복과 소속감이었습니다. 이 학생은 비즈쿨이 "단순한 동아리가 아니라, 나의 꿈을 키워 나가는 터전이었다"고 고백했습니다.

이처럼 기업가정신 교육은 아이들의 삶을 변화시키는 강력한 힘이 됩니다. 얼마 전 인천 거점학교 진로 페스티벌에서는 재학생들이 모두 외부 체험 활동을 나가 저 혼자 동아리 부스를 운영해야 하는 상황이었습니다. 그때 졸업생들이 "선생님, 저희가 함께할게요!"라며 따뜻한 토스트와 커피까지 사 들고 한걸음에 달려와 주었습니다.

졸업 후에도 변치 않는 의리와 애정으로 돕는 아이들의 모습에서 저는 깊은 감동을 받았습니다. 그들은 기업가정신 교육이 심어준 책임감과 소통 능력을 잊지 않고, 졸업 후에도 사회에 기여하는 멋진 청년으로 성장하고 있었던 것입니다. 이것이야말로 제가 아이들과 함께 만들어온 진정한 행복이자 가장 큰 성과라고 생각합니다.

무조건 도전해보자!
각자 상황에 맞는 기업가정신 교육의 행복

저는 비즈쿨 교사로서 학생들에게 항상 "무조건 도전해보자"라는 말을 합니다. 도전은 단순히 성공을 목표로 하는 것이 아니라, 그 과정에서 배우고 성장하며 행복을 경험하는 기회를 제공합니다. 학생들뿐만 아니라 저에게도 이러한 다양한 경험들은 큰 성장을 가져다주었습니다. 어떤 경험이든 가치 없는 경험은 없으며, 실패조차 미래 성공의 밑거름이 될 수 있습니다. 저는 이 믿음을 바탕으로 학생들이 자신감을 가지고 새로운 것을 시도하도록 격려하며, 그들이 도전에서 얻은 경험을 통해 더 나은 미래를 향해 나아갈 수 있도록 지원하고자 합니다.

결국 도전은 성장의 시작이며, 그 과정은 행복으로 이어집니다. 청소년 비즈쿨 프로그램을 통해 학생들이 자신의 한계를 넘어서는 모습, 함께 웃고 뿌듯해하는 모습을 지켜보는 것은 저에게도 큰 보람이 됩니다. 모든 아이들이 같은 방식으로 기업가정신을 배우고 경험할 필요는 없습니다. 각자의 상황과 관심사에 맞춰 움츠려 있던 아이들을 이끌어내고, 그들이 스스로 빛을 발하며 행복하게 성장할 수 있도록 돕는 것이 진정한 기업가정신 교육의 목표입니다.

그리고 이 자리를 빌려 전국청소년기업가정신교육연구회에 진심으로 감사드립니다. 연구회 10주년 동안 8년이라는 시간을 함께하며 수많은 배움을 얻었습니다. 막막했던 저에게 연구회 선배님들과 동료 선생님들이 아낌없이 공유해주신 경험과 노하우는 정말 큰 힘이 되었습니다.

선생님들의 따뜻한 나눔과 격려 덕분에 저 또한 교사로서, 그리고 한 사람으로서 끊임없이 성장할 수 있었습니다. 연구회 선생님들의 헌신적인 노력과 공유 정신이 없었다면 지금의 제가, 그리고 우리 아이들의 행복한 성장은 불가능했을 겁니다. 앞으로도 함께 배우고 나누며 아이들의 행복한 기업가정신 교육을 위해 더욱 힘쓰겠습니다.

사랑하는 학생들이 두려움 없이 도전하고, 그 과정에서 자신을 발견하며 행복하게 성장하기를 바랍니다! 그리고, 그런 학생들을 위해 아직 시작하지 않은 선생님들께서는 용기를 내어 도전해주시길 부탁드립니다.

감수성으로 피어나는
기업가정신

(김정환)
한일여자고등학교 진로 교사

왜 지금, 청소년에게 '감수성 기반' 기업가정신이 필요한가?

오늘날 청소년들이 살아가는 사회는 단순한 지식 전달만으로는 대응하기 어려운, 빠르게 변화하는 환경에 놓여 있습니다. 기술의 발달, 사회 문제의 다양화, 직업 세계의 불확실성 등은 미래 세대를 살아갈 청소년들에게 창의적이고 주도적인 문제 해결 능력을 요구합니다. 이에 따라 '기업가정신'은 더 이상 어른들만의 영역이 아니라, 모든 청소년이 길러야 할 핵심 역량으로 부상하고 있습니다.

특히 청소년들은 또래 친구들에 대한 공감, 사회 문제에 대한 민감한 반응 등 감수성이 높은 존재입니다. 타인의 아픔이나 사회적 불평등에 더 빠르게 반응하고 행동으로 옮기는 잠재력을 지녔습니다. 이러한 감수성을 바탕으로 청소년들이 창의성과 공감 능력, 도전과 협업의 자세를 가지고 사회를 바꾸려는 노력을 할 때, 그것이 바로 '청소년 기업가정신'의 실현이라고 생각합니다.

이를 위해 전국의 청소년 비즈쿨 학교들은 감수성과 기업가정신이 만나는 '고마워요 우리동네 히어로' 프로그램을 실시하며, 학생들이 공감에서 출발해 문제 해결로 이어지는 창업 활동을 경험할 수 있도록 하고 있습니다.

감수성으로 실현된 청소년 기업가정신 활동

'우리동네 히어로'는 지역사회의 문제나 현황에 관심을 갖고, 공감과 감수성을 바탕으로 청소년 스스로 해결 방안을 모색하는 활동입니다. 참여 학생들은 우리 지역을 구성하는 다양한 직업인과 지역 주민의 삶을 이해하고, 사회적 가치를 창출하는 '작은 영웅'의 이야기를 발견함으로써 기업 가정신의 출발점인 감수성의 공감력을 발휘했습니다.

지역사회 영웅 찾기: 공감으로 시작하는 기업가정신

학생들은 동네 곳곳에서 묵묵히 자신의 일을 수행하며 지역을 지키고 있는 '우리동네 히어로'를 직접 탐색했습니다. 이 과정에서 학생들은 기존에는 무심코 지나쳤던 사람들과 역할에 관심을 가지게 되었고, 지역사회가 돌아가기 위한 숨은 노력과 가치를 공감하게 되었습니다. 이는 기업가정신의 첫걸음인 문제 인식과 기회 발견 능력을 길러주는 계기가 되었습니다.

히어로 인터뷰와 가치 재해석: 스토리텔링으로 이어지는 창의성

발굴한 히어로들과의 인터뷰를 통해 학생들은 그들의 삶에 녹아 있는 문제 해결 경험과 공동체 기여 방식을 직접 듣고 정리했습니다. 이후 인터뷰 내용을 토대로 영웅들의 이야기를 카드뉴스, 포스터, 영상, 웹툰 등 다양한 형태로 재구성하며 창의적 표현력과 콘텐츠 제작 능력을 키웠습니다. 이 단계는 단순한 정보 전달을 넘어서, 사회적 가치를 공유하고 확산시키는 창업가적 시도로 발전했습니다.

사회문제 해결 아이디어 기획: 공감에서 실천으로

히어로들과의 만남 이후, 학생들은 사회적 약자와 현장의 어려움에 대한 감수성 향상, 인터뷰 결과를 바탕으로 콘텐츠로 재해석하고 해결하는 아이디어 기획력 및 창의력 증진, 팀별 기획 과정에서 주도적 역할 분담과 집단 의사결정 경험함으로써 리더십과 협업 능력 배양, 단순 참여를 넘은 '변화 주도자'로서의 자기 인식을 강화하는 계기가 되었습니다.

　　'우리동네 히어로' 활동은 단순한 탐방이나 인터뷰 활동이 아니라, 청소년의 감수성을 출발점으로 하여 지역사회의 문제를 인식하고, 공감 → 문제 인식 → 해결 아이디어 기획이라는 기업가 정신의 핵심 과정을 따라가는 소중한 경험이었습니다. 이를 통해 학생들은 '영웅은 멀리 있지 않다'는 사실을 깨달았고, 자신 역시 지역사회의 긍정적 변화에 기여할 수 있는 작은 기업가적 주체임을 자각하게 되었습니다.

실제 세상 속에서 경험하라!

(이필규)

신나는학교 진로 교사

지금 대한민국의 고등학교에서는 무엇을 가르치고, 학생들은 어떠한 하루를 보내고 있을까요? 세상은 하루가 다르게 변하고 있는데, 이 변화를 생각할 여유조차 없이 오로지 대학 입시에만 모든 삶이 끌려가고 있지는 않을까요? 주변 환경을 이해하고 최선의 결정을 내릴 줄 아는 미래의 역량을 키우는 경험을 해보지 못한 채, 자신의 관심사를 발견하는 시간은 뒤로하고 남들이 하고 있는, 부모님이 해야 한다고 말하는 것에만 몰두하고 있지는 않을까요?

학교는 교육과정에서 청소년들이 자기 삶의 주인으로

성장하는 경험을 제공해야 합니다. 세상의 변화를 읽고, 남들이 다 하고 있는 것만이 아닌 나의 관심사를 확장하는 방법은 나의 배움을 실제 세상 속에서 경험하는 것입니다. 그러려면 학교가 세상과 연결되어 있어야 합니다. 실제 세상이 교과서가 되는 진로 교육과정이 무엇보다 필요한 시기입니다.

'신나는학교', 정말 아이들에게 학교가 신났으면 좋겠다!

인간은 존엄하다
타고난 학습자이며 이미 충분한 자기 삶의 주인이다

나 # 우리 # 누리는 연결되어 있다.
지속 가능한 지구를 위해 교육의 생태적 전환이 필요하다

우리는 함께 더 좋은 세상을 만들 수 있다
공동체적 삶의 양식을 익히며 깨어 있는 민주시민으로
살아간다

배움은 주입되지 않는다

배우는 과정 자체가 기쁨이고 성장과 삶에 도움이 되어야 한다

학생과 선생은 역할과 직위가 아니다

말하는 삶을 직접 살아가며 함께 배우는 사람이다

학교는 사랑이 가득한 따뜻한 삶의 공간이다

위험을 넘어 성장하는 실험과 상상의 무한 배움터다

학교는 함께 배우는 사람들이 주체로 참여하는 공동체다

마을 교육 공동체의 마당이자 더 좋은 세상의 둥지다

마을은 아이들을 품는 돌봄과 배움의 공간이다

아이들과 함께 풍성해지는 삶의 배움터다

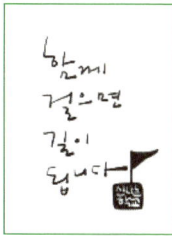
신나는학교 교육 계획서 맨 앞 장

"지금까지와는 다른 새로운 학교를 만들어보자"

경기도교육청의 교육 연구 의뢰로 현재 신나는학교 교장인 하태욱 교장선생님(당시 건신대학원 대학교 대안교육 교수)이 '해리포터학교'라는 이름으로 연구를 진행해 탄생한 학교가 바로 신나는학교입니다.

신나는학교의 정식 학교 간판은 '경기도교육청 설립 중·고 통합형 6년제 미래형 공립 대안학교'입니다. 처음 개교 당시 경기도교육청 안에 미래교육정책과라는 담당 부서 조직에서 미래학교 설립을 추진 중이었습니다. 신나는학교의 착수 지점을 찾기 위해 우리는 교육의 본질적 가치, 우리 교육의 역사, 현재 교육의 문제점, 미래 사회의 변화, 세계의 교육 변화 동향과 함께 새로운 교육을 꿈꾸며 준비해온 많은 풀뿌리 교육자들의 실천이라는 거인의 어깨 위에서 교육을 바라보았습니다.

우리는 교육적 신념과 가치를 기반으로 교육한 '간디학교', '태봉고등학교' 등 우리나라 대안교육계의 30여 년 역사와 '미래교실네트워크', '꿈의 학교', '마을교육공동체', '오디세이학교'를 비롯한 최근의 새로운 교육 실험, '민주

학교', '자유학교', '매트스쿨' 등 해외의 실천 사례를 비롯해 경제협력개발기구OECD의 'Learning compass' 등을 참고했습니다. 그리고 우리가 실천할 신나는학교의 첫 삽은 '학생 주도성'과 '더 좋은 세상 만들기에 지금 참여하기'로 정했습니다. 학생들은 자기가 하고 싶은 긍정적인 것을 자기 주도로 마음껏 할 때 신나기 때문입니다.

신나는학교의 공식 비전은 '자기 삶의 주인으로 함께 손잡고 서서 더 좋은 세상을 만드는 신나는 사람들'을 길러내는 것입니다. 이 비전 아래 학교는 학생 주도성에 주목합니다. 학생들은 이미 자신이 하고 싶은 것을 알고 있지만, 그 욕구가 사회적 틀 안에서 거세되고 있는 중입니다. 그럼에도 이미 사회의 변화를 민감하게 느끼는 학생들, 자신이 하고픈 것을 용감하게 목소리 내는 청소년들이 있습니다. 우리는 이 새로운 세대의 목소리가 기성세대의 목소리에 묻히지 않게, 그들이 바로 지금부터 주도성을 발휘할 수 있게 돕고자 합니다.

삶은 개별화되어 있는 것이 아니라 연결되어 있습니다. 아이들이 궁극적으로 삶의 주인이 될 수 있도록 우리 학교에서는 학생들이 자신의 배움을 주도해 나가면서 타인과의 연결을 통해 효능감과 자존감, 소속감과 절제, 기여 등을 체득하도록 돕습니다. 이를 통해 궁극적 목적인 '총체적 잘 살기'를 위한 학생 주도성을 발휘할 수 있도록 합니다. 수많은 고민한 끝에 우리는 사회체험학습(고등 인턴십)을 필수 교육과정으로 제시하는 실험과 도전을 했습니다. 학교 자체가 기업가정신 교육이기도 합니다.

사회체험학습-고등 인턴십(틴턴)은 무엇이 다를까요

사회체험학습-고등 인턴십은 종합적인 학교 밖 역량 교육이기에 임금을 받지 않습니다. 그리고 취업을 목표로 인턴십에 참여하지 않습니다. 고등 인턴십은 학생 스스로가 인턴십을 나가고 싶은 업체를 알아보고, 직접 자기 소개서를 작성하고, 직접 업체 공식 이메일로 인턴십을 요청합니다.

이 과정에서는 도전과 실천이라는 기업가정신이 필요합니다. 고등 인턴십은 참여 지원조차 도전이기 때문입니다. 열 곳 넘게 지원하고 떨어지기를 반복하는 학생도 있습니다. 물론 한 번에 매칭되는 학생들도 있지만, 대부분 지원에 실패하는 고배를 맛봅니다.

개교하고 첫 인턴십 교육과정을 운영하면서 첫해 학생들은 엄청 많이 울기도 했습니다. 이런 실패의 경험을 해본 적이 없어서 더욱 그렇습니다. 지원하다가 떨어지기를 반복한 한 학생이 당장 다음 주 월요일부터 인턴십을 나가야 하는데 금요일 오후까지 매칭이 안 되자, "무슨 교육과정을 이렇게 허술하게 운영합니까"라고 참았던 감정이 터져 나온 일이 있었습니다.

이해가 갑니다. 최선을 다했는데, 다른 애들은 다 되고 왜 자기만 안 되는지 답답하겠죠. 좌절감과 열등감도 폭발할 거고요. 다 자기 잘못 같고 자신이 못난 것만 같을 겁니다. 그런데 자신만 탓하자니 억울함이 솟구칩니다. 처음 인턴십을 시도하는 교육 과정에서 학생들은 학교를 원망합니다. 누군가에게는 풀어내야 살 것 같기 때문입니다. 그렇게 말을 쏟아낸 그날 저녁에 그 학생은 인턴십을 나오라는 연락을 받았습니다. 이 무슨 운명의 장난일까요?

계속 실패했던 또 다른 학생은 "누가 언제 인턴십 보내달라고 했어요!"라고 말했습니다. 인턴십이 선택이 아닌 필수 교육과정으로 운영되어 참여하는 자체에 불만을 얘기

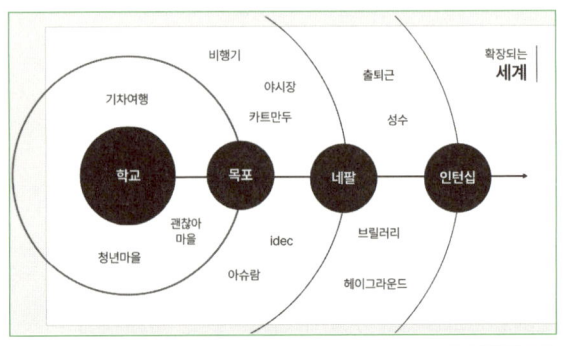

인턴십 발표회

하며 결국 울음을 터뜨렸습니다. 하지만 이 학생도 인턴십을 무사히 마쳤고, 전교생 앞에서 '너무나 좋은 경험이었다'며 발표했습니다. 꼭 드라마 속 한 장면 같다는 생각이 들었습니다. 그렇게 울고 난리쳤던 모습은 이 아이들에게는 '이불킥'과 평생의 추억이 되겠죠.

인턴십을 나가기 위해 작성하는 학생의 자기 소개서 내용만으로 매칭이 성사되는 건 아닙니다. 물론 지원할 때 학교에서 만들어왔던 자신의 소논문을 포함한 활동 포트폴리오도 파일로 첨부해서 지원하기는 합니다. 그러나 학생들의 자기 소개서보다 지원한 그 업체나 단체가 인턴십을 받을 만한 상황인지 아닌지가 매칭 여부를 결정짓는 데 더 크게 작용합니다.

인턴십 참여 가능 회신 이메일을 받았을 때 아이들은 꼭 인턴십 교육과정의 최종 결론인 것처럼 기뻐하며 즐거워합니다. 이제부터 조직의 최고 막내로 아무 연고도 없는 곳에서 어린 사슴처럼 벌벌 떨며 인턴십이 시작될 거라는 사실은 잠시 잊은 채 말입니다.

우리가 지원하는 업체들은 대부분 소셜 벤처기업들입니다. 성수동의 헤이그라운드에 있는 기업들이 대표적입니다. 사회에 긍정적인 영향을 미치며 먹고살 수 있는 방법을 학생들에게 경험하게 하기 위해서입니다. 직업을 얻는 것은 단순히 돈을 버는 것만이 아니라는 점이 인턴십 업체를 선정하는 기준입니다.

교장선생님과 첫해 인턴십 평가를 하면서 인턴십 과

인턴십 참여

정은 반드시 지속되어야 한다고 다짐했습니다. 그래서 올해 사회체험학습-고등 인턴십 시즌 2를 준비하고 있습니다. 열심히 업체를 알아보고, 자기 소개서를 작성하고, 이메일을 첨부하고, 인턴십을 받을 수 없어서 미안하다는 답변 이메일을 받고, 그리고 또 다른 업체 지원을 위한 자기 소개서를 작성하면서…….

경주, 기업가정신에 스며들다. 그리고 꽃피우다!

(황인랑)

한울안중학교 수학/진로 교사

나도 몰랐던 나를 발견하다!

체험형 특성화 학교는 1998년에 여섯 개의 대안학교로 출발했습니다. 학교를 찾는 대부분의 학생들은 학교 적응에 어려움을 겪고 있었습니다. 각자가 가진 개성이 강하고 학습 의욕이 낮은 등 다양한 특성과 스펙트럼을 가지고 있었습니다. 학생들은 자존감이 많이 낮아서 칭찬을 받아도 어색해하고, 왜 자신이 칭찬을 받는지 의아해하는 모습이 많았습니다. 하지만 아이들은 다양한 체험 활동을 하면서 자신들이 잊고 있었던 자기 안의 능력과 꿈을 다시 찾기 시작했습니다. 학년이 올라가면서 학생들의 성장이 조금씩 나타나기 시작했습니다.

처음에 저는 학생들에게 동기와 의욕을 불어넣어 주고 즐겁게 수업하려고 여러 연수를 다니면서 수업에 적용하려고 했습니다. 실망스럽게도 아이들은 관심이 없고 의욕도 부족했습니다. 그러던 중 저는 기업가정신에 대해 알게 되었고, 기업가정신 수업을 하시는 선생님을 초청해 2회에 걸쳐 두 시간씩 특강을 진행했습니다.

강의 후 학생들에게 기업가정신을 바탕으로 자기 소개서를 작성하게 하고, 발표 수업을 진행했습니다. 몇몇 학생들이 의욕을 가지고 적극적으로 참여하기 시작했습니다. 이것이 기업가정신 수업의 시작이었습니다. 한 학생은 이과정을 통해 엄청난 성장을 했습니다. 그 학생의 성장을 보면서 경주 지역 다른 학생들에게도 기업가정신을 알리고 싶었고, 지역에 있는 학생들이 함께 성장하길 바라는 마음이 생겼습니다.

이후 지역에서는 기업가정신 해커톤이 지속적으로 이어지고 있습니다. 해커톤은 '해킹'과 '마라톤'을 합성한 말로, 제한된 시간 안에 특정 주제에 대한 아이디어를 제시하고 결과물을 만드는 행사입니다. 우리는 학생들이 해커톤 수업을 통해 좀 더 주도적으로 살아가도록 지원하고 있습니다. 이 글에서는 경주 지역의 기업가정신 교육과 해커톤 수업 사례를 살펴보겠습니다.

'학교로 찾아가는 꿈 찾기 진로 캠프'

저는 2017년 진로 교사 연수를 받은 뒤 기업가정신 활동을 확장하고 싶었습니다. 그래서 진로 교사 연수가 있을 때마다 경주교육지원청에 기업가정신 수업의 필요성을 이야기 했습니다. 하지만 선생님들은 관심을 보이지 않았습니다.

다행히 저의 지속적인 요구와 기업가정신이 교육과정에 도입되면서 담당 장학사님께서 지역 기업가정신 교육 기관을 학교로 보내주셨습니다. 이후 2021년부터 2022년까지 '학교로 찾아가는 꿈 찾기 진로 캠프: 기업가정신 진로 성장'이라는 6시간 프로그램을 기획해주셨습니다. 2021년에는 1학년만, 2022년에는 신청 학교가 너무 적어서 1, 2

'학교로 찾아가는 꿈 찾기 진로 캠프'의 '기업가정신 진로 성장' 활동

학년 모두에게 기업가정신 프로그램을 제공했습니다.

시작 단계에서는 수업에 관심이 없고 의욕이 없는 학생들이 여섯 시간 협업 활동을 할 수 있을지 걱정하는 목소리가 많았습니다. 그럼에도 저는 아이들을 믿었습니다. 처음에는 아이들이 아이디어를 내는 것조차 힘들어했고, 리

더 역할을 맡은 학생들은 의욕 없는 친구들을 이끌기 위해 애썼습니다.

시작할 때는 전혀 참여하지 않는 학생들도 있었지만, 대부분의 학생들은 흥미를 가지고 여섯 시간을 즐겁게 참여하며 발표까지 했습니다. 강사님께서도 아이들과 재미있게 진행했다면서, 창의적인 아이디어들이 보인다며 창업대회에 보내고 싶은 팀도 있었다고 말씀하셨습니다. 아이들 역시 창의적인 아이디어가 많이 나와서 신기해하며 재미있게 참여했다고 했습니다.

기업가정신 해커톤과 아이들의 창의력이 만나다

학교에서 진로 수업을 통해 기업가정신 수업을 진행하려 했으나, 아이들이 쉽게 따라오지 않았습니다. 그럼에도 관심을 보이는 학생들이 있었고, 저는 기업가정신 활동을 확장하고 싶어 진로 교사 모임 때마다 이에 대해 이야기했습니다. 하지만 많은 선생님이 관심을 보이지 않았습니다.

그러던 중에 경주에서 기업가정신을 수업하시는 이정

아 선생님께서 진로 교사들에게 공문으로 보내셔서 기업가정신 교육을 실시하겠다고 하셨습니다. 하지만 저와 알고 지내는 선생님 두 명만 참석하는 바람에 준비해주신 선생님께 죄송스러웠습니다. 경주 지역에 기업가정신을 확산시키고 싶었고, 학생들과 기업가정신 교육을 나누고 싶은 바람은 떠나질 않았습니다.

이후 교육청 지원 사업으로 미래교육지구 도시재생 사업에 선정되었고, 담당 장학사님이 바뀐 상황에서 첫 모임을 가지게 되었습니다. 도시재생 사업은 시청에서도 지원을 하는 사업이라 경주시 도시재생센터장님이 오셨습니다. 센터장님께서 대학생들과 해커톤을 진행한 경험을 이야기하며, 청소년 무박 2일 해커톤을 제안하셨습니다.

저는 비즈쿨 활동을 하며 해커톤 경험이 있었습니다. 이 경험이 학생들의 진학에 도움이 되어 그들이 원하는 학교로 갔던 사례가 있었습니다. 그래서 적극적으로 해커톤 경험을 이야기하면서 학생들에게 도움이 되는 활동이고, 진로에도 도움이 된다면서 선생님들에게 권유했습니다. 선생님들이 관심을 보이셨고, 6개 학교에서 함께하기로 했습니다.

경주시가 주최하고 경주시 도시재생센터와 경주교육지원청이 주관하는 해커톤은 '살고 싶은 경주', '머물고 싶은 경주'를 위한 청년, 문화, 상생을 주제로 70여 명의 학생들이 참여했습니다. 선생님들은 학생들 모두가 과연 가능할지 반신반의하며 시작했습니다. 처음에는 학생들이 낯선 학생들과 팀을 이루어 활동하는 것을 어색해했습니다. 그것도 잠시이고 점차 익숙해지자 팀별로 아이디어가 쏟아졌습니다.

그런데 활동 중에 우리 학교 학생이 와서 불편함을 호소했습니다. 팀에 소속된 퍼실리테이터가 특정 학생의 이야기만 지지하고, 다른 학생들의 의견은 무시한다는 것이었습니다. 주관하시는 센터장님께 상황을 전달해서 이를 해결했습니다. 피곤한 학생들은 잠시 눈을 붙이며 쪽잠을 자기도 하고, 일어나 다시 참여하는 등 밤을 새워 과제를 수행하며 지역 경제 활성화를 위한 제안을 만들었습니다.

다음 날 아침 발표에는 시청 정책 결정권자가 함께했고, 학생들의 아이디어에 감탄했습니다. 아이디어가 우수한 팀에게는 시장님과 직접 만날 수 있는 기회를 줬습니다. 우수 팀은 우리 학교 학생이 소속된 팀이 선정되었습니다.

경주시 청소년 도시재생 해커톤

다만 6개 학교의 학교급이 다르고 대학 입시가 임박한 탓에 결국 시장님과 만날 기회를 가지지 못해 큰 아쉬움으로 남았습니다.

또 하나의 시작, 국제문화재산업전!

여름 방학 전 진행한 청소년 해커톤 경험이 너무 좋았다는 평가에 힘입어, 장학사님께서 국제문화재산업전 운영에 참여해보자는 제안을 하셨습니다. 4개 학교가 참여를 신청했고, 국립경주문화재연구소 학예사분들이 학교를 방문해 문화재와 관련한 정보를 강의해주셔서 학생들에게 필요한 지식적인 부분에 도움이 되었습니다.

방과 후에 틈틈이 준비해 2022년 9월에 열린 국제문화재산업전에서 학생들이 부스를 맡아 운영했습니다. 첨성대 LED 등 만들기, 활쏘기, 차 만들기, 연꽃 천연 비누 만들기 등 다양한 체험 부스를 운영했습니다. 학생들은 많은 방문객에게 일일이 설명을 했고, 새로운 경험을 했습니다.

마지막 날인 토요일에는 5개 학교가 모여 오전부터 오후까지 '지금 경주 고대와 현대를 잇는 길'이라는 주제로 해커톤을 진행했습니다. 국립경주문화재 연구소에서 실시간 유튜브 라이브로 진행했고, 방문객들이 학생들의 발표를 듣고 멋진 응원의 댓글과 함께 칭찬을 남겨주었습니다.

학생들은 연속 2회 해커톤 참여가 새로운 경험이었다

국제문화재산업전

며, 다음 해에도 하고 싶다는 의사를 밝혔습니다. 처음 보는
학생들과 팀을 이루어 리더 역할, 참여 자세, 자신의 아이디
어를 주장하는 것이 팀에서 어떤 결과가 나올지를 배우고
알게 되었다고 했습니다. 또한 기업가정신 역량 중 협동심,
의사소통 능력, 문제 해결 능력, 끝단 추진력의 중요성을 깨

달았다고 했습니다.

지속적인 해커톤 경험을 통해 자기 주도적인 삶 살아가기

2023년 경주교육지원청은 해커톤을 통해 학생들이 자기 주도적인 삶을 살아가는 데 도움을 얻는다는 점을 인식하고, '2023 경주 지역 경제 활성화를 위한 경주 청소년 사회적 경제 교육 해커톤'을 개최했습니다. '미닝 아웃, 소셜 벤처 경주 지역경제를 살리다'라는 주제로 경주 지역 고등학생 38명이 참여했습니다. 학생들은 경주 지역경제 문제를 소셜 벤처로 해결하기 위해 머리를 맞댔습니다. 고령화, 2030 세대의 경주 지역 정착, 친환경 도시, 주차 문제, 폐교 활용, 관광 패키지 등 다양한 이슈를 제안하며, 창의적이고 지역사회 친화적인 아이디어를 내놓았습니다.

2023년 12월에는 경북교육연구원에서 경주 지역 해커톤 이야기를 듣고, 경북으로 기업가정신 해커톤을 확산시키고 싶다며 컨설팅을 제안했습니다. 우리는 진로를 담당하시는 연구원님께 기업가정신과 경주 해커톤을 안내하

2023년(위), 2024년(아래) 기업가정신 해커톤 활동

는 역할도 했습니다.

2024년 경주교육지원청이 주관해 1학기에 중학교 자유학기제와 연계하여 학교별 두 명을 선발해 '지역사회 ESG 경제 활성화 해법 찾기' 해커톤을 실시했습니다. 2학기에는 도시재생 동아리 학생들로 구성해 고등학교 학생들도 해커톤을 진행했습니다. 아쉽게도 저는 2024년에 대구

의 같은 재단 중학교로 발령받아 함께하지 못했지만, 선생님들께 해커톤에 대한 다양한 소식을 전해들을 수 있었습니다.

해커톤으로 진로 탐색 후 창조적인 나를 만나다!

기업가정신의 불모지였던 경주에서 학생들은 해커톤을 여러 번 경험하면서 자신감을 얻고, 자기 삶을 주도적으로 살아가는 법을 배웠습니다. 학생들은 자신의 소질과 특성을 알아가면서 스스로 진로를 탐색하는 시간을 가지고 원하는 대학에 진학했습니다. 특성화고 학생들은 원하는 직장에 지원해 자신감 있게 면접을 보고 취업을 하기도 했습니다.

이전에는 박수를 치던 학생들이 70여 명 앞에서 발표를 하며 성장했고, 박수를 받는 학생들이 되는 것을 보았습니다. 저의 바람이 지역과 함께 학생들에게 작은 불씨를 던져주었고, 함께하신 선생님 덕분에 그 씨앗에 열매를 맺을 수 있었다고 생각합니다. 교사는 학생들이 스스로 자기 삶을 주도적으로 살아갈 수 있도록 옆에서 안내하고 지지하

기업가정신 활동 실행과 결과

는 역할로 시작하면 될 것 같다고 생각합니다.

학생들과 처음 시작한 기업가정신 진로 탐색 활동, 처음 시도한 생태 동아리 활동, 학생 노래 창작하기, 도시재생 활동으로 만든 경주 공정여행 지도 손수건으로 제작한 그림으로 글을 마무리하려고 합니다.

현재 저는 중학교에서 평소 하고 싶었던 기업가정신 수업을 진행하고 있습니다. 고등학교에서는 외부의 지원을 받아 프로젝트처럼 활동했고, 지금은 중학생들과 진로 수업에서 녹여내려 노력하고 있습니다.

기업가정신을 접한 지는 오래되었지만, 저는 여전히

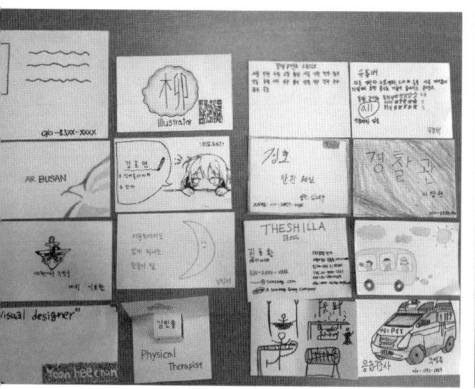 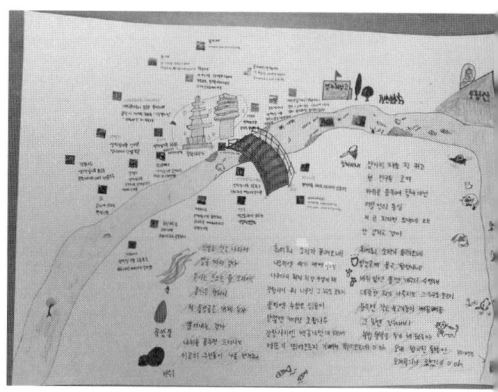

초보자입니다. 제 삶에 기업가정신을 적용하면서 살아가고 싶고, 만나는 학생 한 명, 한 명이 자기 삶을 주도적으로 살아갈 수 있도록 응원하고 지지하고 싶습니다.

일상생활 속에서 실천하는
기업가정신

수업과 동아리 활동을 통해 길러지는 미래 역량

(박미정)

평택 안중중학교 역사 교사

기업가정신 교육을 시작하게 된 계기

저는 한때 대학에서 재외동포 학생들에게 한국사를 가르쳤습니다. 그러다 2014년 현재 근무 중인 중학교에 부임하며 2학년 담임을 맡게 되었습니다. 남학생들만 있는 학교여서 그런지 장래희망 란에 'CEO'라고 적는 학생들이 심심치 않게 보였지만, 대부분은 CEO가 구체적으로 어떤 일을 하는지 잘 알지 못했습니다.

당시만 해도 자유학기제가 도입되기 전이라 다양한

진로 체험의 기회가 부족했고, 지역적 여건 탓에 다른 지역보다 경험의 질이 떨어지는 상황이었습니다. 심지어 한 학생은 "저는 아버지가 기아자동차에 다니셔서, 그냥 기아에 들어갈 수 있어요"라며 공부를 전혀 하지 않는 모습을 보여 충격을 받기도 했습니다.

저는 담임으로서 '이 아이들에게 내가 해줄 수 있는 게 무엇일까?' 고민하던 중 청소년 비즈쿨 프로그램을 알게 되었습니다. 그리고 2015년부터 본격적으로 기업가정신 교육을 시작하게 되었습니다.

'기업가정신' 이라는 말 앞에 고개를 숙이다

막상 시작하고 보니 나 자신도 '기업가정신'이 무엇인지 명확하게 정의하지 못했습니다. 어떤 이는 '슘페터의 이론'을 이야기했고, 또 다른 이는 기업가가 가져야 할 다양한 역량들을 강조했습니다. 연수에 참가했을 때 강사가 "기업가정신이 무엇인가요?"라고 질문하자, 눈을 마주치지 않으려고 고개를 숙였던 기억이 생생합니다.

학생들에게 제대로 가르치기 위해서는 나부터 먼저 알아야겠다는 생각이 들었습니다. 일단 관련 연수에 닥치는 대로 참여하며 배운 내용을 학생들과 함께 활동해 보았습니다. 그렇게 주먹구구식으로 시작된 수업은 어느덧 10년이 지났고, 그 과정에서 나만의 방식으로 기업가정신을 정의할 수 있게 되었습니다.

일상 속에서 실천하는 기업가정신 수업의 시작

그 후로도 "기업가정신이 뭐야?"라는 질문을 학생들에게 던져보면, 대부분 대답을 망설이거나 제대로 답하지 못하는 경우가 많았습니다. 나와 눈 맞추기를 피하는 학생들도 있었고, 간혹 "기업가가 가져야 할 정신 아닌가요?"라고 말하는 정도였습니다.

그 모습을 보며 '학생들도 나처럼 모를 수 있겠구나!', '하지만 이건 단지 모른다고 넘길 문제가 아니라 꼭 알려주고 싶은 가치다'라는 생각이 들었습니다. 그래서 학생들에게 '기업가정신은 멀리 있는 특별한 것이 아니라, 우리의 일상 속에서도 실천할 수 있는 것'이라는 메시지를 전달하고 자 했습니다.

저는 수업을 통해 다양한 활동들을 전개하면서, 학생 들이 이미 일상에서 기업가정신을 발휘하고 있다는 사실을 자연스럽게 깨닫게 하고자 했습니다. 문제를 인식하고, 친 구들과 협업하고, 실패를 두려워하지 않고 도전하는 모습 속에 기업가정신이 숨어 있다는 것을 학생들에게 알려주고 싶었습니다.

활동 1. 나도 기업가정신 실천가

학생들의 기업가정신에 대한 인식과 태도를 점검하고자 실 시한 수업이 바로 '나도 기업가정신 실천가'입니다. 도화지 에 일상생활 속에서 자신이 실천했던 기업가정신 사례를 정리해보도록 했고, 활동은 다음과 같은 단계로 이루어졌 습니다.

1단계 : 내가 일상에서 실천한 기업가정신 사례 찾기
2단계 : 사례와 연관된 그림 그리기

3단계 : 사례의 내용 작성하기

4단계 : 내용과 그림을 연결하는 제목 작성과 해시태그(#) 달기

나도 기업가정신 실천가

코로나19 이후 에듀테크 기반 수업이 활발해지면서 캔바Canva, 미리캔버스miricanvas 등의 도구를 활용해 위 활동을 디지털로도 진행해 보았습니다. 학생들은 이 활동을 통해 기업가정신이 멀리 있는 개념이 아니라 우리 일상 속에서도 충분히 실천할 수 있다는 사실을 깨달았고, 친구들이 경험한 다양한 사례를 통해 기업가정신의 여러 모습에 대해 배울 수 있었습니다.

활동 2. 기업가정신 명함 만들기

학생들에게 "기업가정신이란 무엇인가요?"라고 물으면, 돌아오는 대답은 제각각이었고, 그들이 중요하게 여기는 역량 또한 달랐습니다. 그래서 자신만의 기업가정신을 정의해볼 수 있도록 '기업가정신 명함 만들기' 활동을 진행했습니다. 이 활동을 통해 기업가정신의 개념조차 잘 몰랐던 학생들이 점차 자신만의 철학을 형성하고 친구들의 관점도 이해하는 계기가 되었습니다.

1단계 : 스마트폰을 활용해 나만의 캐릭터 만들기
   (갤럭시 : 마이아바타, 아이폰: 미모지 등 활용)
2단계 : 캔바·미리캔버스 등을 활용해 아바타와 함께 기업가정신 정의 작성
   (예 : "내가 생각하는 기업가정신은 ○○이다. 왜냐하면 ○○이기 때문이다.")
3단계 : 부캐 이름 정하기
   학생들은 자신이 만든 기업가정신 명함을 서로 나누며 기업가정신에 대한 생각을 자유롭게 이야기했고, 이

과정을 통해 기업가정신이 자신의 삶과 밀접하게 연결
되어 있음을 깨닫게 되었습니다.

기업가정신 명함 만들기

활동 3. 이야기로 표현하는 기업가정신

이 활동은 일상 속에서 자신이 실천한 기업가정신을 이야
기로 구성하여 친구들과 공유하는 프로젝트입니다. 학생들
이 자신의 경험을 돌아보고, 타인의 경험과 소통하며 함께
성장하는 것을 목표로 하는 수업입니다.

이 활동도 처음에는 A4 용지에 스토리보드를 작성
하게 하고, 스크랩북에 채색 도구를 활용해 그림책을 만들어보는 것이었습니다. 이후 에듀테크 도구(Book Creator, Canva, 미리캔버스 등)와 접목하여 수업을 진행했고, 활동 방법은 다음과 같습니다.

1단계 : 나의 이야기 주제 정하기

2단계 : 스토리보드 만들기

3단계 : 책 제작하기

4단계 : 작품 감상 및 소감 공유

이야기로 표현하는 기업가정신

학생들에게 '일상생활 속에서 도전하고 실패하거나 성공했던 경험'을 주제로 줍니다. 1~2차시에는 그림과 글이 들어가는 스토리보드를 작성하고, 3~6차시에는 이를 바탕으로 책을 제작합니다. 완성된 책은 온라인으로 출판 (북크리에이터를 활용)하여 띵커벨 보드 또는 패들렛에 업로드합니다. 7차시에는 친구들의 책을 감상하며 공감과 댓글을 남기고, 가장 인상 깊었던 이야기를 구글 설문으로 제출하면 활동이 마무리됩니다.

일상생활 속에서 다양한 기업가정신을 실천한 친구들의 이야기를 통해 학생들은 도전과 성장, 나눔 등의 기업가정신이 특별한 것이 아니라 모두가 실천할 수 있는 것이라는 사실을 몸소 깨달았습니다.

Our Story 창업 동아리 활동을 통한 기업가정신 UP
생활 속 문제 해결 아이디어로 기업가정신 역량 발산하기

2016년부터 운영한 창업 동아리 Our Story는 학생들이 직접 문제를 인식하고 이를 창의적으로 해결하는 과정을 통해 기업가정신을 자연스럽게 익힐 수 있도록 만든 자율 동아리입니다. 학생들은 동아리 활동을 통해 주변의 불편

Our Story의 동아리 활동

함에서 출발해 개인, 지역사회, 나아가 국가에 도움이 되는 아이디어로 발전시켜 나갔습니다.

학생들은 OMR 마킹 도구 'Stamp 컴싸', 전자레인지 자동 시간 설정기 '코드레인지', 시각장애인을 위한 보행 보조기 '타임플러스 스틱', 야간 2차 사고 예방 장치 'Safety Balloon' 등 다양한 아이디어를 통해 세상을 변화시키기 위해 노력했습니다. 또한 동아리 활동을 통해 학생들은 문제 해결, 공감, 창의, 도전, 소통 역량 등을 자연스럽게 키워 나갔습니다.

기업가정신 교육을 통한 학생들의 변화
나○○ 학생의 성장기

수줍음 많고 조용했던 나○○ 학생은 동아리 활동을 통해 진정한 성장을 이뤄냈습니다. 1학년 때는 비협조적인 팀원과 함께 팀 대회에 참가했다가 어려움을 겪었습니다. 하지만 좌절하지 않고 꾸준히 도전하며 자신의 부족함을 보완해 나갔습니다.

　2학년 이후부터는 뛰어난 성과를 보이며 다양한 경진 대회에서 수상하며, 마침내 본인이 희망하던 고등학교에 진학하게 되습니다. 이 학생의 사례를 통해 기업가정신 교육이 얼마나 실질적인 변화와 성장을 이끄는지 체감할 수 있었습니다.

도전을 두려워하지 않으며 성장하는 아이들

기업가정신 교육을 받은 학생들은 새로운 도전을 주저하지 않게 되었습니다. 처음에는 두려워했던 캠프, 대회, 발표 활동도 이제는 스스로 찾아 나서며 다양한 사람들과의 소통을 즐깁니다. 2019년에는 동아리 회장이었던 장○○ 학생이 고등학교 진학 후 〈학생 CEO's〉라는 꿈의학교를 설립하여 리더로 활동하였습니다. 또한 나○○ 학생의 사례처럼, 이전에는 소극적이던 학생들이 자신감을 얻고 적극적인 태도를 보이기 시작했습니다. 특히 Our Story 동아리 학생들은 2017년부터 학생자치회 회장과 부회장 선거에 자발적으로 출마하여 임원으로 활동하며, 다양한 영역에서 리더십을 발휘하고 있습니다.

결론적으로 이 모든 수업과 활동은 단순한 '수업'을 넘어, 친구들과 소통하고 공감하며 함께 성장하는 경험으로 이어졌습니다. 학생들은 서로의 이야기에 귀를 기울이며 더 많이 웃고, 더 깊이 배우며, 무엇보다 더 행복해졌습니다. 저 또한 학생들의 성장에 보람을 느끼며 기업가정신 교육의 중요성을 다시 한번 체감하게 되었습니다.

교사를 변화시키고, 학생을
성장시키는 기업가정신 교육

(유승목)

고양송산중학교 기술 교사

삶을 설계하는 교육이 필요하다는 질문에서 시작!

교사로 살아가며 늘 스스로에게 물었습니다.

'이 수업이 아이들의 삶에 어떤 의미가 있을까?'

'이 교실 안의 경험이 과연 아이들이 살아갈 세상과
연결되고 있을까?'

정해진 교육과정과 평가 중심의 수업은 언제나 벅찼
고, 아이들은 '주어진 과제를 착실히 수행하는 수동성'을 배
우며 졸업해 나가는 것 같았습니다.

2017년 아무것도 모른 채 시작한 비즈쿨,
그러나 이 도전이 변화의 시작이었다

2017년 당시 제가 근무하던 학교는 전교생이 30여 명밖에 되지 않는 작은 학교였습니다. 진로 체험도, 다양한 활동도 쉽지 않은 환경 속에서 '이대로 괜찮은가'라는 질문이 마음속에서 커져갈 때쯤 우연히 공문을 통해 '청소년 비즈쿨'이라는 사업을 보게 되었습니다.

제대로 된 정보도, 자료도, 동료 교사의 협력도 없었지만, 저는 '작은 학교라서 더더욱 필요한 교육일 수도 있다'는 생각으로 사업 신청서를 혼자 작성했습니다. 이후 수업과 활동을 하나씩 준비해 나가기 시작했습니다. 작은 학교에서 할 수 있는 건 무엇이든 하겠다는 각오로 무턱대고 시작한 도전이었습니다.

혼자 기획하고 실행했던 그 시기, 저는 전국청소년기업가정신교육연구회를 우연히 알게 되었습니다. 그곳에서 수많은 교사들이 이미 다양한 방식으로 이 교육을 실천하고 있다는 사실을 접했습니다. 저는 '이 길이 혼자가 아니라는 것', 그리고 '학생들의 삶을 바꾸는 교육이 가능하다는 것'을 이미 실천하는 동료 교사가 있다는 것을 알게 되었고, 이들이 지속적으로 노력하는 이유가 있을 것이라는 확신이 들었습니다.

학교를 바꾸는 프로젝트 수업, 변화는 교실 안에서부터

연구회 활동을 통해 전국 곳곳에서 실천 중인 기업가정신 교육의 실제 사례들을 접하면서, 저는 이 교육이 단순한 '창업 교육'에 그치지 않고 삶을 살아가는 태도와 연결되는 교육이라는 사실을 다시금 실감했습니다. 그 깨달음은 자연스럽게 '우리 아이들과 무엇을 할 수 있을까?'라는 질문으로 이어졌습니다.

그렇게 시작된 수업이 바로 '학교 문제 해결하기 프로젝트'였습니다. 이 수업의 시작은 단순했습니다. "우리 학교에서 불편한 점을 찾아보자." 아이들은 처음에는 막연해했지만 곧 익숙한 공간 속에서 작은 불편함들을 하나씩 찾아 적어 나가기 시작했습니다.

- 본관 복도가 비 오는 날 미끄럽다.
- 엘리베이터 버튼이 잘 눌리지 않는다.
- 친구들이 비속어를 너무 많이 사용한다.
- 운동장에 벌레가 너무 많다.
- 교실 창문이 항상 열려 있다.

- 급식실 정리 정돈이 불편하다.

학생들은 이렇게 간단하지만 개인적으로 문제라고 생각하는 두 가지 문제를 선정한 후, 그중 하나를 실제로 해결할 수 있는 계획을 세워보는 활동을 시작했습니다. 해결책을 고민하는 과정에서 아이들은 자연스럽게 다른 친구들의 의견을 듣고 설문을 돌리며, 관계자 인터뷰까지 시도하게 되었습니다.

그중 인상 깊었던 장면은 교장실을 드나드는 아이들의 모습이 익숙해졌다는 것입니다. 사전에 교장선생님과 교감선생님께 양해를 드렸지만, 막상 학생이 스스로 문제를 들고 찾아가니 어느 누구도 쉽게 외면하지 못했습니다.

"선생님, 시청에 민원 넣어도 돼요?"

"그래, 네가 필요하다고 생각하면 해보자."

결국 한 학생은 직접 파주시청에 민원을 접수했고, 며칠 뒤 시청에서 저에게 전화가 오기도 했습니다. 웃음도 났지만, 동시에 감탄도 했습니다. '이 아이는 지금, 세상과 연결된 목소리를 내는 법을 배우고 있구나' 생각했습니다.

물론 이 과정이 쉽지만은 않았습니다. 학생들은 "생각

비가 오면 학교 정문에 물 빠짐이
잘 되지 않아 물이 고여
통학에 어려움을 겪는 문제를
해결하는 과정

제목	도로, 시설물 파손
상세내용	저는 ○○중학교 3학년 ○○○ 학생입니다. ○○중학교 정문도로는 비가오는 날 마다 물이 많이 고여있어서 학생들이 등하교를 할 때 신발과 양말은 젖고 물이 정말 많이 고여있는 경우에는 교복바지가 젖기도 합니다. 학교 학생들과 선생님들의 대부분은 이것을 문제로 인식하고 있어서 문제 해결을 해주시기 바랍니다. (저 민원인은 휴대폰이 없으니 궁금한 사항이 있으시면 학교전화 031-958-4372로 전화해주세요, 답변은 서면으로 보내주십시오 답변을 기다리겠습니다.)

보다 일이 많다"며 중간에 지치기도 했습니다. 하지만 활동을 마무리하며 진행한 발표회에서 아이들은 입을 모아 이렇게 말했습니다.

"학교를 처음으로 진지하게 바라보고, 바꿔보려 했던 시간이었다고 생각해요."

이 수업을 하며 저는 다시 한 번 확신하게 되었습니다.

"기업가정신 교육을 통해 학생은 바뀔 수 있다. 그리고 교실은 그 변화를 가장 먼저 만나는 곳이다."

익숙하지 않은 학교에서, 다시 수업으로

기업가정신 교육의 가능성을 경험한 이후, 저는 두 번의 전근을 거치며 새로운 학교에 적응해야 했습니다. 낯선 환경은 늘 새로운 기회를 의미하기도 했지만, 이전의 경험을 그대로 이어가기엔 결코 쉽지 않은 현실이 기다리고 있었습니다. 제가 처음 경험한 비즈쿨 사업은 더 이상 운영하기 어려워졌습니다.

규모도 크고 체계도 잘 잡힌 학교였지만, 기업가정신이라는 말조차 생소해하는 분위기 속에서 사업을 도입하고 운영하는 것 자체가 막막한 벽처럼 느껴졌습니다. 이런 상황에서도 일단 창업 동아리를 새롭게 시작해 보았습니다.

학생 창업 동아리 활동

전교생을 대상으로 하는 수업보다 훨씬 수월하고, 하고 싶
은 여러 가지 활동을 할 수 있었습니다.

그러나 한 가지 분명한 한계에 부딪혔습니다. 소수의

학생만 참여하는 동아리 활동은 아무리 좋은 프로그램이라고 해도 '교육의 본질'인 보편성과 평등성을 담보할 수 없다는 점이었습니다.

'좋은 수업이라면 모든 학생이 경험할 수 있어야 하지 않을까?'

'미래를 살아갈 준비는 일부 아이들에게만 필요한 게 아니지 않을까?'

이런저런 고민이 많았던 저는 방향을 바꾸기로 결심했습니다. 더 이상 특별한 학생만 참여하는 '프로그램'이 아닌, 모든 학생이 함께 경험할 수 있는 '수업' 속에서 기업가정신 교육을 실현하기로 한 것입니다. 저는 다시 교과서를 펼쳤습니다. 기술·가정 과목 안에서 기업가정신의 요소들을 어떻게 녹여낼 수 있을지 고민하며, 수업 모형을 직접 설계하기 시작했습니다.

이렇게 탄생한 것이 바로 'GET THE BIZCON' 프로젝트 수업입니다. 이 수업은 10차시로 구성된 활동형 수업입니다. 학생들이 생활 속 문제를 창의적 아이디어로 풀어내고, 팀을 이루어 제품 개발부터 발표까지 전 과정을 스스로 기획하고 실행하도록 구성했습니다.

▶ 차시 구성

차시	활동 내용
1	종이 구조물 챌린지 '실패'의 경험
2	종이 구조물 챌린지 '도전과 성공' / 비주얼 씽킹을 활용한 '나 이해'
3	스타트업 인재 구성을 활용한 팀 빌딩. '책임 & 사람 중심'
4	모둠의 가치 찾기. '소통 & 공감'
5	종이컵을 옮겨라! _ '창의 & 협업'
6	종이컵을 옮겨라! 랩업 _ '공유, 나눔' 기업가정신, 너do 나do! '소통 & 공감'
7	기업가정신, 너do 나do! '소통 & 공감'
8	창업 아이템 구상하기. '혁신, 창의'
9	기업명과 로고 만들기 & 창업 아이템 계획. '혁신, 창의'
10	데모데이(창업 아이템 발표) '공유 & 펀딩'

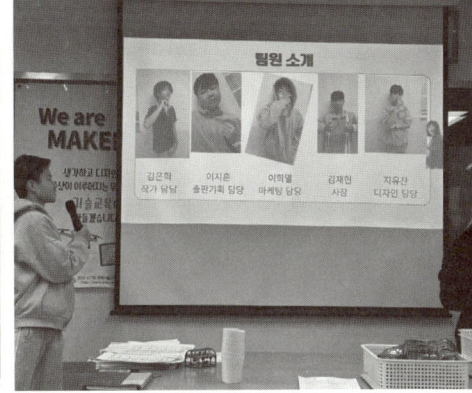

'GET THE BIZCON' 프로젝트 수업

학생들의 변화, 수업의 힘

1~2차시의 종이 구조물 챌린지부터 분위기가 달라졌습니다. 단순한 A4 용지와 가위, 테이프만 주어진 상황에서 가장 튼튼한 구조물을 만들기 위한 경쟁이 시작되었습니다. 아이들은 점차 몰입했고, 실패와 성공의 반복 속에서 팀워크의 중요성을 자연스럽게 느끼게 되었습니다.

3차시에는 자기 강점에 따른 역할 정하기를 통해 스스로 자신의 성향을 돌아보는 시간을 갖게 했습니다. 어떤 아이는 "저는 발표는 무서운데 정리하는 건 잘해요"라고 말했습니다. 또 다른 아이는 "아이디어 내는 건 좋아하는데 만드는 건 서툴러요"라고 말했습니다. 모두 서로의 역할을 존중하며 팀을 구성해 나갔습니다.

4차시부터는 수업의 분위기를 바꾸기 위해 게이미피케이션 기반의 활동 요소를 도입했습니다. 놀이처럼 구성된 활동 속에서 각 팀은 자신이 일상에서 겪은 불편함이나 친구들의 이야기를 바탕으로 생활 속 문제를 탐색했습니다. 그리고 그 문제를 해결할 수 있는 창의적인 아이템을 설계하기 시작했습니다.

말이 적던 한 학생은 제품 제작 역할을 맡아 도면을 그리고 설명까지 자처했습니다. 어느 학생은 브랜드 로고와 슬로건을 만들며 자신의 표현력에 눈을 떴습니다. 수업이 끝난 후에도 학생들은 자발적으로 아이디어를 공유했습니다. 학생들이 "선생님, 다음에 또 이런 수업해요!"라고 말해주는 순간, 저는 이 수업이 단순한 프로젝트가 아닌 '변화를 만드는 교육'임을 확신했습니다.

교사를 변화시키고, 학생을 성장시키는 교육

이 교육을 통해 저는 수업에 대한 자신감을 회복했습니다. 창의성과 몰입을 유도하는 수업을 운영하면서 아이들과의 관계 또한 더욱 깊어졌습니다. 무엇보다 인상 깊었던 점은, 중학생이라는 시기 특유의 무기력과 집중력 저하 문제를 자연스럽게 극복할 수 있었다는 점입니다.

딴짓하던 아이들이 스스로 계획을 세우고 움직이며, 활동에 빠져드는 모습을 보며 '이게 바로 살아 있는 수업이구나'라는 생각이 들었습니다. 그리고 그 중심에는 기업가정신 교육이 있음을 다시 한 번 깨달았습니다. 기업가정신 교육은 단지 창업을 위한 교육이 아니라, 삶을 주체적으로 살아가는 힘을 키워주는 교육임을 체감했습니다.

'모두를 위한 교육, 모두가 함께 성장하는 교육'

저는 평소 기업가정신 교육이 특정한 학생들만의 전유물이 되어서는 안 된다는 생각을 가지고 있었습니다. 공부를 잘하는 학생에게만, 혹은 활발한 성격을 가진 학생들에게만 돌아가는 교육이어서는 안 된다고 생각했습니다. 누구나 삶을 설계하고 문제를 해결할 수 있도록 돕는 보편적 교육이 되어야 한다고 믿었습니다.

실제 수업과 활동을 진행하면서 저의 생각이 틀리지 않았고, 실현될 수 있다는 가능성을 확인했습니다. 아이들은 자신만의 속도로 도전했습니다. 그리고 도전 과정에서 협력하고 갈등을 조율하며 삶의 역량을 키워갔습니다.

이제 저는 말할 수 있습니다. '기업가정신 교육은 교사를 변화시키고 학생들을 성장시키는 교육이며, 교사와 학생 모두가 미래를 함께 준비하는 과정'이라고 말입니다.

꿈을 찾아가는 기업가정신 교육

(이조은)

남양주 양지초등학교 교사

저는 호기심이 많고, 만드는 것을 좋아합니다. 작은 아이디어 하나만 떠올라도 마음이 설레고, 직접 뭔가를 만들어보면 괜히 하루가 풍성해지는 느낌이 듭니다. '이건 어떻게 작동할까?', '저건 왜 저렇게 만들었지?' 이런 질문이 머릿속을 맴돌기 시작하면 도저히 가만히 있을 수가 없습니다. 방법을 찾아보고, 직접 해보고, 그래야 마음이 편해집니다.

이런 제 성격은 자연스럽게 수업에도 스며들었습니다. 그중 하나가 바로 팅커링Tinkering 활동입니다. 이 활동은 다양한 도구를 활용하여 이것저것 만들어보는 활동입니다.

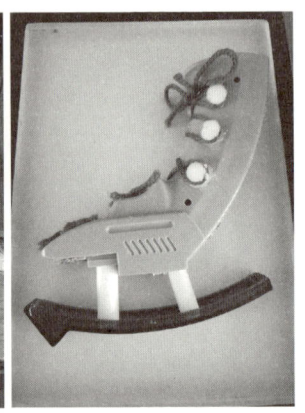

팅커링 활동 장면

메이커 활동을 하기 전에 아이들에게 재료 탐색의 시간으로 많이 활용됩니다.

팅커링 활동은 명확한 계획 없이 이것저것 시도하고, 실패해보고, 다시 고쳐보는 과정을 중심에 두는 활동입니다. 실수도 실패도 허용되기에 아이들이 부담 없이 시작할 수 있을 거라 생각했고, 그 자유로운 탐색의 시간이야말로 호기심을 일으키는 가장 좋은 출발점이라고 믿었습니다. 그래서 아이들에게 다양한 재료를 꺼내놓고 말했습니다. "오늘은 만들고 싶은 걸 마음껏 만들어 봅시다."

그런데 가끔, 아니 요즘은 자주 이런 대답이 돌아올 때가 있습니다.

"그런데, 선생님…… 뭘 만들어요?"

처음에는 모든 아이가 만들기를 좋아하는 게 아닐 수 있고, 만드는 것에 익숙하지 않기 때문에 나오는 반응이라고 생각했습니다. 하지만 학교에서 지내면서 점점 "그냥요.", "몰라요.", "꼭 해야 해요?"라고 말하는 학생들을 만나면서 당황스럽고 동시에 마음이 답답해졌습니다. 궁금한 것도 해보고 싶은 것도 가득할 것 같은 나이에 무언가에 도전하기보다는 처음부터 물러서거나 포기해버리는 모습을 보면서 여러 질문이 생겼습니다.

'아이들은 정말 하고 싶은 것이 없는 걸까?'

'아니면 하고 싶은 마음을 꺼내본 적이 없는 걸까?'

'호기심이 사라진 게 아니라, 어쩌면 눌려버린 건 아닐까?'

'자유롭게 만들어도 된다'는 말이 어떤 아이들에게는 곧 '막막하다'는 의미가 될 수 있었습니다. 도면이 없으면 시작하지 못하고, 스스로 정해야 하는 상황에서는 오히려 불안해했습니다. 실패해도 괜찮다고 아무리 말해도, 이미 '틀리면 안 된다'는 믿음이 마음 깊은 곳에 자리하고 있었습니다. 수업이 끝나고도 팅커링을 하기 전에 배움이 필요한 것인지, 아니면 팅커링을 통해 배움이 시작되는 것인지 갈피가 잡히지 않았습니다.

그런데 막상 그 막막한 순간을 넘어서기 시작한 아이들은 조금씩 달라졌습니다. "계속 더 하면 안 돼요?", "그럼 이렇게 해도 돼요?" 처음에는 망설이던 아이들이, 이제는 스스로 질문을 던지며 한 발 앞으로 나아왔습니다. 그 모습을 보며 저는 마음 깊이 반가웠습니다. 불편하고 어색한 것을 감수하면서도 계속 해보고 싶은 마음을 꺼내는 것이 그저 '하기 싫어서 안 했던' 것이 아니라, '처음 시도하는 일에 익숙하지 않았을 뿐'이라는 사실을 깨닫게 해주었습니다. 그 순간 저는 아이들이 다시 호기심을 꺼낼 수 있는 이런 기회를 더 많이 만들어야겠다고 결심했습니다.

그 뒤로 저는 단순히 만드는 활동에서 한 걸음 더 나아가 보기로 했습니다. 만드는 것에만 집중하는 수업이 아니라, 왜 그것을 만들어야 하는지 그 이유를 생각해보는 수업을 하고 싶었습니다. 누군가의 불편함을 들여다보고, 그 원인을 생각하고, 그에 대한 해결 방법을 직접 찾아보는 과정. 바로 '디자인 씽킹'을 수업에 적용하기 시작했습니다.

이제는 "뭘 만들까?"라는 질문 대신 "누가 불편해할까?", "왜 불편할까?", "우리는 그걸 바꿀 수 있을까?" 이런 질문이 교실을 채우게 되었습니다. 만들기를 하는 과정이 단순히 혼자만의 작업이 아니라 다른 사람을 이해하고 공감하며, 세상을 더 나은 방향으로 바꾸려는 힘을 키우는 활동이 되길 바랐습니다.

물론 불편함을 찾는 과정도 쉽지 않았습니다. 불편한 것에 익숙해진 일상을 다르게 봐야 했기 때문입니다. 일상의 사소한 불편함부터 찾아보았습니다. 아침을 먹고 오지 못하는 친구들, 놀이터에 버려진 쓰레기로 눈살을 찌푸렸던 경험, 우리 동네에는 미술관이 없어서 예술가들이 전시할 공간이 없을 것 같다는 의견, 꿀벌이 사라지는 환경 문제, 컵떡볶이를 계속 들고 먹어야 하는 고민 등 정말 사소하면서도 생각하지 않던 문제들을 찾아보았습니다.

불편함에 대한 감수성을 키워 나가니 문제를 해결하기 위한 아이디어들도 조금씩 떠올랐습니다. 아침을 못 먹고 오는 친구들을 위한 매점을 열어보자는 의견이 나와서 아이들이 서로 할 수 있는 음식 메뉴를 이야기 나누기도 했고, 시식을 통해서 적절한 가격과 맛도 찾아보았습니다. 여름에는 계절에 맞는 수박주스를 만들어보기도 했습니다. 또한 직접 필요한 앞치마를 만들기도 하고, 코로나 시기에 잘 활용한 마스크 끈을 재활용해보기도 했습니다.

아이들은 이 과정에서 자연스럽게 기업가정신을 익혀 가기 시작했습니다. '세상을 관찰하는 눈', '다른 사람의 문제에 공감하는 마음', 그리고 '문제를 해결하려는 용기'까지 아이들 마음 안에서 자라나기 시작했습니다.

물론 모든 과정이 쉽지만은 않았습니다. 친환경을 위해 일회용품을 안 쓰고 진짜 그릇과 컵을 이용하다 보니 계속되는 설거지에 지쳐 다시는 못하겠다고 말하는 아이도 있었고, 친구들과 만드는 과정에서 갈등을 겪고 힘들어하기도 했습니다. 그러나 다시 이 활동을 하자고 하면 어느새 그 힘든 과정을 잊고 다시 아이디어를 내고 해보려는 모습을 보면서 '실패를 딛고 일어서는 실천력'도 아이들에게 생겨나고 있음을 느꼈습니다.

그렇게 문제를 발견하고, 공감하고, 해결 방법을 탐색하는 과정을 거치다 보니 아이들 각자의 흥미와 강점이 조금씩 보이기 시작했습니다. 누구는 손재주가 좋고, 누구는 다른 사람에게 제품을 홍보하는 것을 잘했습니다. 또 어떤 아이는 그림을 잘 그리고, 어떤 아이는 의견을 잘 조율하곤 했습니다.

그 모습을 보면서 저는 실제 창업을 하시는 분들 중에서도 자신이 잘하는 것을 조금씩 다른 사람들과 나누면서 사업을 확장하는 사례가 많으니 아이들도 그런 경험을 해보면 좋겠다는 생각이 들었습니다. 사실 요즘 학생들에게 무엇을 잘하는지 말해보라고 하면 잘하는 게 없다고 말하는 경우도 많습니다. 그래서 아이들의 재능을 찾아서 나누고 키워보는 기업가정신 수업이 이뤄지면 좋겠다는 생각이 들었습니다.

먼저 아이들이 좋아하는 흥미나 관심사, 또는 잘하는 것이 무엇인지 모든 단어를 모아보았습니다. 그리고 그걸 비슷한 분류로 묶어서 그룹을 만들었습니다. 해당 그룹에 모인 친구들에게 관심이 있는 이 분야에 대해서 다른 아이들에게 무엇을 알려줄 수 있는지 생각해보라고 했습니다. 그리고 실제 기업에는 미션, 비전이 있는데 초등학생에게는 조금 어려울 수 있으니 너희 기업이 꿈꾸는 세상이 무엇인지 설명해보라고 했습니다.

아이들은 '패션의 두려움이나 어려움을 가지고 있는

운동	요리	미술	공부	돌봄	음악	자연	기타
체육	잘 먹기	그림, 동물 캐릭터	가르쳐주기	어린 동생 돌보기	피아노	곤충잡기	연기
달리기	요리	만들기	글씨 예쁘게 쓰기	내가 먼저 사과	노래	동물 키우기	밀리터리
높이뛰기	과자 만들기	폰 케이스 꾸미기	공부잘하기	심부름을 잘함	악기	곤충 이름 외우기	게임
자전거타기	먹방	미적감각 (예쁜 것 잘 찾기)	수학 공부	청소, 정리하기	춤	동물 잘 돌보기	영상촬영/ 편집
태권도	베이킹	손재주	아이큐	배려	노래	곤충 키우기	유튜버
피구	초콜릿	미술	책		드럼		sns소통
축구	계란후라이	디자인			오카리나		
농구	음식대접	손재주			칼림바		
씨름	딸기우유 만들기	종이접기					
수영	라면	애니 잘 만듦					

학생들이 찾은 흥미와 관심사 목록

재능마켓 활동 모습

사람들이 줄어든 세상', '아이들이 재밌어 하는 세상과 집중
력을 높여주고 창의력을 높여주는 세상', '멸종위기 상괭이

를 알리고, 고래가 멸종되지 않는 세상' 등 자신들의 관심사에 맞춘 다양한 미션을 세워 나갔습니다.

그리고 그것을 다른 친구들과 나눠주기 위한 재능마켓을 준비했습니다. 운동을 좋아하는 친구들은 운동 루틴을 알려주는 클래스, 피아노나 칼림바 연주를 가르쳐주는 아이들, 심지어 모형 조립을 어려워하는 친구를 위해 대신 조립해주는 서비스를 제공하는 아이들도 있었습니다. 사진을 재미있고 잘 찍도록 알려주는 친구들은 코스튬 옷도 준비해서 각종 포즈를 알려주기도 했습니다.

또 곤충에 관심이 많은 친구들은 다른 친구들에게 곤충을 알려주기 위한 퀴즈도 준비하고, 곤충 굿즈뿐만 아니라 사마귀를 키울 수 있는 키트도 제작했습니다. 직접 키운 사마귀도 준비했습니다. 인싸가 되고 싶어 하는 친구들을 위해 인싸 안경을 만든 친구들은 홍보를 열심히 해보았고, 레고로 키링을 만든 친구들은 지역 플리마켓에 참가하기 전 인스타에 홍보물을 올리기도 했습니다. 다른 학교 친구들에게 패션 양말을 판매하면서 포장을 정성껏 만들기도 했습니다.

되돌아보면 처음부터 거창한 목표가 있었던 건 아니

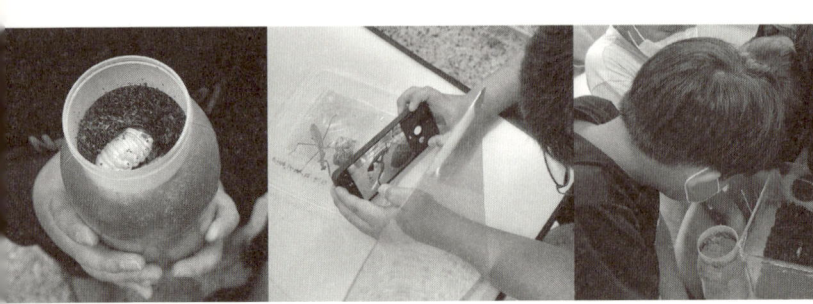

곤충 관찰 장면

었습니다. 그저 아이들이 뭔가에 호기심을 갖고, 자기 손으로 무언가를 만들고, 그 과정을 통해 조금씩 변화해가길 바랐을 뿐입니다. 그 작은 바람이 수업 속에서 공감의 마음, 도전의 용기, 재능의 발견으로 이어지는 것을 보며, 저는 기업가정신의 진짜 의미를 깨닫게 되었습니다.

기업가정신은 단지 창업을 위한 기술이나 경영 마인드를 말하는 것이 아니었습니다. 삶을 주도적으로 살아가려는 태도, 문제를 해결하려는 마음, 그리고 나와 타인을 더 잘 이해하고 연결하려는 감수성, 그 모든 것이 어우러져야 비로소 피어나는 것이었습니다.

아이들이 만든 제품이 얼마나 완성도가 있었는지보다, 그 과정을 통해 얼마나 성장했는지를 더 자랑스럽게 느꼈습니다. 그리고 그 성장의 순간마다 교사인 저 또한 다시

곤충 관찰/사육 키트 제작(위), 플리마켓 참여 모습(아래)

배우고, 다시 아이들과 함께 자라는 중이라는 걸 느꼈습니다. 앞으로도 저는 아이들과 함께 세상의 작고 불편한 점들을 들여다보고, 그 속에서 의미 있는 질문을 던지며, 작지만 진심 어린 해결을 함께 고민하는 수업을 이어가고 싶습니다. 그 안에서 아이들은, 그리고 저 역시 조금씩 '나만의 방식으로 세상을 바꾸는 작은 기업가'가 되어가고 있다고 믿습니다.

함께 만드는 가치, 함께 나누는 삶

기업가정신 교육이 가르쳐준 것들

(이종민)

장안여자중학교 사회 교사

첫 발령, 첫 출근, 놀라운 첫 만남

2007년 오랫동안의 기간제 교사 생활을 마무리하고, 마침내 정식 교사로서 첫 발령을 받았습니다. 그곳은 경기도 화성시의 한 농어촌 지역에 위치한 종합고등학교였습니다. 낯선 지역, 낯선 학교였지만 교단에 서게 된다는 벅찬 기대와 설렘으로 가슴이 두근거렸습니다.

첫 출근을 무사히 마치고 돌아온 저녁, 예상치 못한 일이 기다리고 있었습니다. 방과 후 '아트 와이어'라는 이름의

와이어 공예 실습

수업에 학생들과 함께 참여하게 된 것입니다. 그것도 정규 수업이 아닌 보충 수업 시간이었죠. 처음에는 단순히 공예 활동을 지도하는 역할일 거라 생각했습니다. 하지만 이 소소한 시작이 제 교육 철학과 교직 생활 전체에 얼마나 큰 영향을 끼치게 될지는 그때는 상상조차 하지 못했습니다.

제가 몸담게 된 삼괴고등학교는 일반계와 상업계가 함께 운영되는 종합고등학교였습니다. 흔히 시골학교라고 생각할 수 있지만, 이 학교는 이미 2005년부터 경기도교육청이 지정한 비즈쿨 시범학교로 선정되어 운영되고 있었습니다. 3년간의 운영 결과 경기도 1위, 전국 2위라는 놀라운 성과를 거두며 명실상부한 창업 교육의 선도 학교로 자리

삼괴몰 상설 전시장

잡고 있었습니다.

　　제가 부임하기 전부터 이 학교는 '창업일반', '창업실습'과 같은 정규 교과를 통해 체계적인 창업 교육을 시행하고 있었으며, '삼괴몰'이라는 이름의 온라인 쇼핑몰과 상설 전시장까지 운영하고 있었습니다. 심지어 일본의 노베오카 상업고등학교와의 국제 교류도 활발히 진행되고 있었습니다. 이 모든 것이 실업계 학생들에게 생생한 현장 중심의 교육을 제공하기 위한 발걸음이었습니다.

　　저는 그 거대한 흐름 속에 아주 작은 역할로 참여했습니다. 공예품을 만들고 판매하는 동아리, '아트 와이어'의

지도교사로서 학생들과 함께 상품을 만들고, 전시하고, 판매하는 활동을 하며 비즈쿨 교육의 현장을 경험하게 된 것입니다.

기업가정신 교육의 진정한 의미

2007년의 비즈쿨은 마치 시장 안의 작은 팝업 스토어 같았습니다. 외부 공예 강사를 모셔와 기술을 배우고, 완성된 상품을 학교 내 전시장에 진열하거나 지역 행사에 참여해 직접 판매했습니다. 단순히 물건을 사고파는 활동이 아니었습니다. 학생들은 자신이 만든 제품을 고객에게 직접 설명하고, 피드백을 받으며 상품의 가치를 스스로 만들어가는 일련의 경험을 했습니다. 그 과정은 학생들의 자존감을 높이고, 협업과 소통의 능력을 기르는 살아 있는 배움의 장이었습니다.

　삼괴고의 비즈쿨 교육은 명확한 비전을 가지고 있었습니다. '국제적 감각을 갖춘 CEO 양성'이라는 목표 아래 다음과 같은 방향으로 교육이 이뤄졌습니다. 첫째, 창업 동

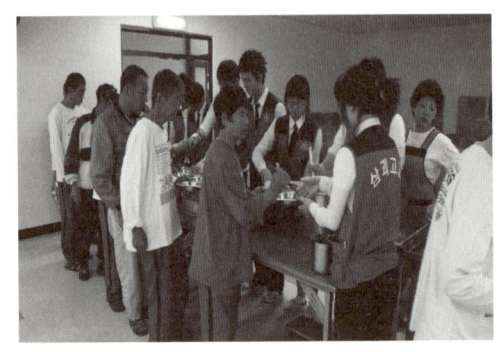

아리 활동을 뒷받침할 수 있는 교육 여건을 조성한다. 둘째,
산·관·학, 지역 주민이 함께 참여하는 공동 축제를 통해
지역사회와의 연계를 강화한다. 셋째, 일본의 비즈쿨 운영
학교와의 국제 교류를 통해 글로벌 마인드를 함양하는 것
이었습니다.

특히 기억에 남는 활동은 지역 축제와의 연계였습니
다. 학생들은 지역의 각종 행사에 참여해 학생들이 직접 판
매 부스를 운영했습니다. 또 지역 업체와 산학 협력을 구축
하며, 지역 농산물과 특산품의 유통을 대행하거나 지역의
봉사 기관에서 봉사 활동을 하는 등 단순한 창업 체험을 넘
어선 활동들이 이어졌습니다.

2007년 4월 한 교육 매거진에는 삼괴고 비즈쿨 동아

리 학생들이 '우정읍민의 날' 행사에 참여하여 직접 만든 제품을 전시하고, 그 수익금을 독거노인을 위해 기부했다는 기사가 실리기도 했습니다. 이 활동은 단순한 경제 교육이 아니라 학생들에게 인성, 나눔, 공동체 정신을 심어주는 살아 있는 수업이었습니다.

이러한 경험을 통해 저는 기업가정신 교육의 진정한 의미를 발견하게 되었습니다. 비즈쿨 교육은 단순히 창업 기술을 가르치는 데 그치지 않습니다. 자신의 역량과 직업 능력을 바탕으로 지역사회에 기여할 수 있는 예비 창업자로 학생들을 성장시키는 교육, 그리고 사회적 책임을 다하는 기업가로서의 태도를 기르는 과정이었습니다. 이 과정에서 교사인 저 역시 단순한 지식 전달자가 아닌 '동반 성장자'로 변화했습니다. 학생들과 함께 울고 웃으며 지역사회와 연결되는 과정을 지켜보며, 교육의 진정한 힘이 무엇인지 스스로 체득할 수 있었습니다.

전국 최초의 비즈쿨학과

2009년 제 교직 생활에서 두 가지 큰 전환점이 찾아왔습니다. 첫 번째는 삼괴고가 기존의 정보처리과와 전자 상거래과를 폐지하고, 전국 최초로 '비즈쿨학과'를 신설한 일이었습니다. 기업가정신 교육이 정규 교육과정 안으로 들어오게 되면서 학생들은 체계적이고 전문적인 창업 교육을 받을 수 있게 되었고, 진로에 대한 선택의 폭도 훨씬 넓어졌습니다. 졸업 후 취업뿐만 아니라 진학에서도 뚜렷한 성과가 나타났고, 학생들은 점점 더 창의적이고 자기 주도적인 인재로 성장해 나갔습니다.

두 번째 전환점은 제가 지도하던 창업 동아리 '배냇세상'에서 만들어낸 황토 배냇저고리가 화성시의 임신 축하 용품으로 선정된 일이었습니다. 우리는 총 2500벌을 제작해 관내 보건소에 납품했습니다. 그 결과 총 3181만 원이라는 큰 판매 실적을 올릴 수 있었습니다. 방과 후에는 학생들이 정성껏 저고리를 만들고 포장했으며, 저는 낮에는 보건소에 제품을 직접 배달하러 다녔습니다.

이 활동은 단순한 경제 활동을 넘어서 하나의 교육적, 사회적 모델이 되었습니다. 화성시의 사례는 전국 보건소로 확산되었고, 이 경험은 우리 교육이 지역을 넘어 전국으로 파급력을 가질 수 있음을 보여주는 소중한 사례가 되었

생산된 배냇저고리를 포장하는 모습

습니다. 이처럼 창업 활동이 사회복지와 지역 연계로 이어
질 수 있다는 가능성은, 학교 교육이 단지 진로의 도구가 아
닌 삶을 이끄는 방향타가 될 수 있다는 확신을 주었습니다.

동아리, 나눔의 삶과 우리라는 공동체로 나아가다

2012년에는 제 교직 인생에서 가장 뜻 깊은 동아리를 만들
게 되었습니다. 당시 지역에는 다문화가정이 늘어나고 있
었고, 초등학교에는 외국인 학생들이 많아지고 있는 상황

이었습니다. 학생들과 함께 고민한 끝에, 이주 여성과 그 자녀들에게 실질적인 도움을 줄 수 있는 방안을 모색했습니다. 우리는 동아리를 멘토팀과 비즈쿨팀으로 나누어 운영하기로 했다.

멘토팀은 다문화가정 자녀들을 대상으로 학습 멘토링을, 비즈쿨팀은 이주 여성들에게 수공예와 문화 체험 교육을 제공하는 역할을 맡았습니다. 멘토팀은 '1멘토-1멘티' 체제를 확립하기 위해 철저한 면접과 서류 심사를 통해 멘토를 선발했습니다. 멘토들은 매주 '멘토 일지'를 작성하며 멘티의 학습 수준, 성격, 관심사 등을 기록했습니다. 이 자료는 선후배 간 인수인계 시 중요한 기초 자료가 되었습니다.

멘토링은 단순한 학업 지원을 넘어서 예체능 활동, 만들기 등 다양한 영역으로 확장되었습니다. 이를 통해 다문화가정 자녀들은 학교에서의 소외감을 줄이고 또래들과 어울릴 수 있는 기회를 얻게 되었습니다.

비즈쿨팀은 이주 여성들에게 한지 공예, 규방 공예 등 다양한 수공예 활동을 함께하며 한국의 문화를 자연스럽게 체험할 수 있도록 도왔습니다. 만든 작품은 모두 가져갈 수 있게 하여, 단순한 체험을 넘어 삶의 기쁨으로 이어지게 했

다문화가정과 함께한 문화 체험

습니다. 또한 기본적인 영어 회화 교육도 함께 진행해 타국
출신 여성들 간의 소통에도 도움이 되도록 했습니다.

　　이 활동을 통해 학생들은 처음 예상했던 것과는 달리,
오히려 활동에 큰 보람을 느끼고 있었습니다. 처음엔 힘들
고 피곤할 것 같다는 우려가 있었지만, 다문화 가정의 아이
들을 가르치고 함께 놀며, 이주 여성들과 한국 문화를 나누
는 경험은 말로 다할 수 없는 뿌듯함을 안겨주었습니다. 저
또한 마찬가지였습니다. 우리의 꾸준한 활동은 학교뿐 아
니라 지역사회의 인식까지 변화시켰고, 마침내 우리가 사

는 우정읍은 다문화가정 지원 특구로 지정되는 결실을 얻게 되었습니다.

결국 우리가 기업가정신 교육을 통해 학생들에게 심어주고자 하는 것은 바로 '나눔의 삶'입니다. 내가 성장하고, 내가 가진 능력으로 '우리'를 만들고, 그 '우리'가 지역과 사회의 문제를 함께 고민하고 해결해 나가는 일. 그리고 그렇게 형성된 공동체가 세상을 조금씩 변화시켜가는 것.

바로 이 과정이 제가 생각하는 기업가정신 교육의 진정한 가치이며, 우리가 함께 만들어가는 따뜻한 변화의 시작점입니다. 이 교육은 단순히 미래의 직업인을 키우는 것이 아니라, 현재를 살아가는 시민으로서의 책임과 연대를 배우게 합니다.

교사로서, 그리고 한 사람의 시민으로서 저는 이 교육을 통해 '더불어 사는 삶'이 무엇인지를 배웠고, 지금도 그 배움을 이어가고 있습니다. 그리고 언젠가 우리 아이들이 삶의 어느 순간에서 '함께 만드는 가치'의 소중함을 깨닫게 된다면, 그것이야말로 기업가정신 교육이 남긴 가장 큰 선물일 것입니다.

기업가정신으로
나를 디자인하라!

(이정아)

경주여자정보고등학교 미술 교사

창업 동아리 운영에서 발견한 오아시스

교사라는 직업으로 살아가는 시간이 하늘의 구름처럼 지나
가고 있습니다. 본격적으로 교육 목표에 기업가정신 교육
을 융합해서 수업을 해온 지도 10년을 넘기고 있습니다.

저는 "기업가정신으로 나를 디자인하라!"로 슬로건을
정하고 미술 시간에 다양한 수업을 시도해보고 있습니다.
화가에게 배우는 기업가정신! 화가들의 삶과 작품을 보면
서 느낀 점을 기업가정신과 연결해 주도적 자기 삶을 디자

인해보는 수업 방식입니다.

"인생은 우리가 하루 종일 생각하는 것으로 이루어져 있다"라는 랠프 월도 에머슨의 명언을 수업하기 전에 메모해봅니다. 학생들이 오늘 생각할 것들을 기업가적 역량으로 채워주고 싶은 저의 마음을 종이에 새겨보는 저만의 루틴입니다.

'나는 어떤 생각으로 수업을 하고 있는가?' 기업가정신 교육을 하기 위해 수업 자료를 찾으면서 나의 하루하루도, 저 자신도 기업가적 사고로 수련을 해온 느낌입니다.

사립학교, 특성화고, 지방 학교 등등의 환경 속에서 수많은 갈등과 혼란을 겪으면서 여러 대상에 대한 저의 교육적 집착은 저의 교사 생활을 울적하게 만들었습니다. 이런 생각을 멈추고 다시 건강한 생각으로 리셋을 하기 시작한 때는 청소년 비즈쿨 업무를 하면서였습니다.

창업 동아리 운영으로 창업 교육을 하면서 기업가정신 교육의 매력에 빠져들었고, 중심을 잃은 나의 교육관에 오아시스를 발견한 순간이었습니다. 교사가 아닌 학생이 주인이 되게, 그림자가 되어야 하는 교사의 자세도 배웠습니다.

기업가정신으로
나를 디자인하라!

오늘도 즐겁고 감사하게 학교에 와서 기업가정신으로
나를 디자인하라! 만다라트 수업을 시작합니다.

나의 기업가정신 교육

구글 제미나이Gemini에게 용감하게 다음과 같이 물었더니
이렇게 답변을 했습니다.

참 신기한 세상을 살고 있습니다. 저와 관련된 자료를
잘 정리 정돈해 주었습니다.

♦ 　질문 》 경주여자정보고등학교의 이정아 선생님은?

♦ 　답변 》 경주여자정보고등학교의 이정아 선생님은 기업가정
　　　　　신 교육을 주도적으로 진행하며 학생들의 역량 강화
　　　　　에 크게 기여하고 계신 분입니다. 주요 활동 내용은 다
　　　　　음과 같습니다.

● 　기업가정신 교육의 도입 및 주도

경주여자정보고등학교에서 '기업가정신 교육 프로그램'을 도입
하여 학생들의 미래 취업난 해결과 자기 주도적 학습 능력 함양
에 중점을 두었습니다. 상업일반, 미디어콘텐츠실무, 상업경제
교과 시간과 방과 후 비즈쿨 동아리 활동 시간을 활용하여 기업
가정신 교육을 실시했습니다.

● 　실천적이고 행동 지향적인 수업 방식

학생들이 스스로 문제를 발견하고 해결해 나가는 수업을 강조하
며, 교사는 조력자 역할을 수행합니다. 자신감 회복 교육을 통해

학생들이 생각하고 표현하는 능력을 키울 수 있도록 돕습니다. 예를 들어, 학생들이 기업가가 되어 사업을 구상하고 경영 전략을 짜는 과제를 제시하고 친구들 앞에서 발표하는 기회를 제공했습니다.

- ## ESG 융합 교육 실천
  폐기물 양말목을 활용하여 생활용품을 만드는 '삭스링' 작업을 통해 자원 재활용과 지속 가능한 발전을 실천하는 ESGEnvironment, Social, Governance 융합 교육을 진행했습니다. 이 활동을 통해 학생들은 환경 보호와 사회적 책임을 배우며, 실제 제품을 만들고 전시회까지 여는 경험을 했습니다.

- ## 기업가정신 교육 우수 사례 발표
  '제3회 기업가정신 교육 우수 사례 경진대회'에서 수상하여 핀란드/에스토니아 기업가정신 연수를 다녀와서 기업가정신 교육 사례 특강을 여러 교육 단체에서 했습니다. '기업가정신으로 지구를 지켜라! ESG 기업가정신!' 이라는 주제로 교육 우수 사례를 발표하기도 했습니다.

이정아 선생님의 교육은 학생들이 단순히 지식을 습득하는 것을 넘어, 실제 삶에서 필요한 역량과 태도를 함양하고 미래 사회의 변화에 능동적으로 대처할 수 있도록 돕는 데 초점을 맞추고 있습니다.

이정아 선생님의 기업가정신 교육은 단순히 창업 기술을 가르치는 것을 넘어, 학생들이 자율적으로 문제를 해결하고, 자신감을 가지고 도전하며, 미래 사회의 변화에 능동적으로 대처할 수 있는 역량을 키우는 데 중점을 두고 있는 것으로 보입니다.

좀 더 노력해서 학생들의 미래에 필요한 역량을 수업해야겠습니다.

"위대한 일은 작은 일들이 모여 이루어진다."

– 빈센트 반 고흐

나와 세상을 이롭게 바꾸는
마법의 단어, 기업가정신!

(홍은경)

안양문화고등학교 국어/체육 교사

전과자轉科者가 된 어느 교사의 고백

– 기업가정신 때문에? 기업가정신 덕분에!

"여러분, 혹시 기업가정신이라고 들어는 봤나요?"

학생들에게 기업가정신 관련 프로그램을 할 때 처음
하는 질문입니다.

"몰라요", "그게 뭐예요? 기업가가 갖고 있는 정신인
가요?"

요렇게만 답해줘서 너무도 고마운 상황. 보통은 묵묵부답이거나 가끔은 "알아야 하나요?"라고 맹랑하게 되묻는 학생도 있습니다. 이럴 때 제가 하는 답변은 이것입니다.

"기업가정신은 여러분 자신을, 그리고 세상을 이롭게 만드는 마법의 단어랍니다. 선생님이 그 마법을 직접 맛봤으니 믿어도 됩니다."

"……?"

요즘이 어떤 세상인가요? 근거 없이 얘기했다가는 유언비어로 학생들에게 외면당하는 건 따 놓은 당상일 테죠. 그나저나 기업가정신이 마법의 단어라고?

올해로 교육 경력 27년 차인 저는 이색적인 경력을 갖고 있습니다. 20년은 국어 교사로, 이후 교육 실정에 따라 체육 교육을 복수 전공하여 체육 교사로 전과하여 7년째 근무 중입니다. 보통은 주主 전공을 두고 복수나 부전공 과목을 선택할 때 관련이 있거나 자신 있고 관심 있는 교과로 정하는 게 '국룰'일 것입니다. 국어과는 역사나 한문 등으로, 흔치 않게는 진로로 나가기도 한다지만 갑자기 체육을?

그렇다고 제가 체육을 잘하느냐? 그건 아닙니다. 운동에 재능도 없고 노력해도 안 되는 걸 일찍이 알았기에 학창

국어에서 체육으로 전과자(轉科者)가 되다

시절 가장 싫어하던 교과는 체육이었습니다. 오죽했으면 초등학교 운동회 때 매번 달리기에서 꼴찌로 들어오는 게 너무도 싫어서, 화장실에 간다 하고 끝날 때까지 숨어서 지켜보다가 끝난 후에 돌아가기까지 했으니 말입니다. 그런 제가 체육 교사가 되었습니다. 이게 웬일일까요? 이래도 되는 걸까요?......

결론은 "그럼에도 되었다"입니다. 체육을 가장 자신 없어 하고 체육 교과를 감히 얕보기도 했던 국어과 20년 지기 교사가 변하기도 완전히 변했습니다. 무엇 때문에? 바로 기업가정신 덕분에!

기업가정신의 가장 핵심적인 키워드는 자아 탐색을 통한 도전 정신이라고 생각합니다. 지금은 기업가정신의 전도사가 되었지만, 국어 교사가 감히 체육 교사가 되겠다고 한 것은 마법의 힘을 지닌 기업가정신을 믿었기 때문입니다. 이 마법은 대체 어떤 힘을 갖고 있는 걸까요?

사막에서 만난 오아시스 1 : 청소년 비즈쿨과의 설레는 만남

2007년 훤칠한 키의 훈남들이 흰 셔츠에 검정 허리 앞치마를 두른 모습이 너무도 멋져 시청하기 시작한 드라마가 있었으니 바로 〈커피프린스 1호점〉. 이 드라마는 국민 배우 공유를 전국에 알린 드라마이면서 바리스타라는 이색적인 직업을 알리게 된 작품일 것입니다.

저 역시 출산 직후 산후조리원에서 배우 공유에 홀려 드라마를 보기 시작했는데, 관심이 드라마의 스토리가 아닌 '바리스타'라는 직업으로 쏠리게 되었습니다. 제가 근무하는 학교가 상업계 특성화고등학교로서 학과 개편으로 관광과 신설이 확정된 상황인지라 학생들이 나갈 직업군으로 이 직업이 눈에 띄기 시작한 것입니다.

복직과 동시에 인근 지역에 바리스타 관련한 학원을 알아보고, 바리스타 관련 수업을 통해 학생들이 직무 역량을 키울 수 있는 방법을 찾으면서 그동안 공교육 현장에서는 없던 바리스타 동아리를 겨우겨우 어렵사리 개설하게 되었습니다. 학교에서는 이 직업에 대해 들어보지도 못했고 이게 꼭 필요한지를 집요하게 물었으나, 설득에 설득을 하여 겨우 개설하게 되었습니다.

그 당시만 해도 학원이라는 아카데미가 흔치 않았고, 심지어 고가의 커피 머신을 초보자들에게 흔쾌히 내주는 곳이 없었기에 어려움이 많았지만 우여곡절 끝에 동아리를 개설하게 되었습니다. 바로 기업가정신의 대표 키워드인 도전과 혁신, 끈기와 실행력을 보인 결과가 아니었을까요?

이후 우리 커피 동아리는 경기도 상업교육페스티벌에서 2구짜리 수동 커피 머신을 과감히 갖고 나가 직접 에스프레소를 추출해 음료를 제공했습니다. 이러한 이색적인 활동으로 동아리 콘테스트에서 대상을 받았고, 주변 학교에 바리스타라는 직업을 알리는 계기가 되었습니다.

교내에서 주중 1회 카페를 운영해 수익을 창출하면서,

안양문화고 창업동아리 1호, '커피프린세스'

처음에는 학생들에게 전공을 활용할 교육 기회를 제공하는 것에 만족했습니다만, 한편으로는 좀 더 전문적인 직무 역량을 키우고 싶다는 목마름이 있었습니다. 주변에 알아보니 이런 동아리를 창업 동아리라고 칭하면서 이를 지원하는 제도가 있다고 했는데, 그게 바로 청소년 비즈쿨이었습니다! 정말이지 사막에서 만난 오아시스처럼 그렇게 반가울 수가 없었습니다.

그 즉시 경기도 비즈쿨 운영 학교를 찾아가 보고, 우리 학교 교사들의 마인드를 바꿔 다양한 창업 동아리 활동으로 학생 역량을 키워보자는 욕심이 생겨 당시 경기 비즈쿨 운영 학교의 명지도자 남승완 선생님을 초빙해 특강을 진행하면서 본격적인 비즈쿨 활동을 시작했습니다. 커피 바리스타로 시작한 우리 학교의 창업 동아리는 이후 전공 분야를 중심으로 칵테일, 제과제빵, 주얼리, 포토존 운영, 재무퀸(창업 동아리의 재무 관리) 등 여러 분야로 확대되어 활발하게 활동했습니다.

비즈쿨을 운영하면서 교사로서 가장 큰 결실은 학생들의 달라진 눈빛을 볼 수 있었다는 것입니다. 교육으로 학생들이 변화된다는 것을 체감한 것입니다. 수업 시간마다 교사가 깨우기 일쑤였던 무기력한 아이들이 비즈쿨 창업 동아리 활동을 하면서 달라졌습니다. 교사의 지도에 따라 동아리 활동을 준비하던 것을 뛰어넘어 아이들이 스스로 기획하고 실행하는 모습을 보이기 시작한 것입니다. 시키지 않아도 한다고요? 자진해서? 이런 게 정말 마법이 아닐까요?

비즈쿨은 제게도 큰 선물을 주었습니다. 인문 교과 교사로서 접하지 못했던 다양한 분야의 학생 진로 영역을 알게 된 것입니다. 특히 해마다 있는 전국 청소년 비즈쿨 페스티벌에 참여하면서 타학교의 우수한 사례를 직접 보고 배울 수 있었습니다. 무엇보다 가장 큰 결실은 학생들을 위한 순수한 마음과 열정을 가진 정말 좋은 동지同志 교사들을 만났다는 것입니다. 비즈쿨 덕분에 맺어진 인연은 지금도 이어지고 있습니다. 정말 소중한 인연입니다.

사막에서 만난 오아시스2 : 기업가정신의 매력에 빠지다

이후 10여 년 가까이 비즈쿨 활동을 신나게 하던 중 다시 한 번 갈증을 느끼게 되었습니다. 창업 동아리 활동으로 대부분 판매 활동을 열심히, 즐겁게 하는 아이들을 보면서 이런 생각이 들었던 것입니다. '우리 아이들을 소상공인으로 양성하는 게 교육 목표는 아닌데……. 아이들에게 비즈쿨 활동을 통해 창의적이고 진취적인, 문제 해결 능력을 갖게 기회를 주고 싶은데, 비즈쿨 활동을 이어갈 정신, 졸업 후에도 무엇인가에 도전하고 시도해보면서 자신감을 갖게 해줄 마인드가 필요한데, 그러려면 어떤 걸 교육해야 할까?'
　　이 고민을 비즈쿨을 함께하던 동지 교사들과 나눠보니 해결할 열쇠가 보였습니다. 바로 기업가정신이었습니다! 이후 저는 기업가정신을 알고자 미친 듯이 여러 연수를 찾아 다녔고, 다양한 연수를 통해 저부터 변화되기 시작했습니다. 불혹의 나이를 넘어선 나 자신을 탐색하고 나의 강점을 알아보는 기회를 갖게 되었고, 이를 바탕으로 교사로서, 그리고 인간으로서 변화하는 세상에 어떻게 대처해야 할지를 고민할 수 있었습니다.

그 고민으로 학교에서 기업가정신을 기반으로 학생들에게 적용할 방향을 세워보았습니다. 단순한 창업을 넘어 변화하는 환경 속에서 기회를 포착하고 문제를 해결하며 지속 가능한 성장을 추구할 수 있는 능력을 길러주고 싶었습니다. 이를 위해 국어과 교사로서의 전문성을 버릴 수가 없었는지 독서 토론을 기반으로 기업가정신 교육을 해보고 싶었습니다.

마침 학교에 같은 뜻을 가진 선생님들이 있어서 함께 '독서토론 자율동아리'를 개설해 운영을 시작했습니다. 이 동아리의 가장 큰 목표는 자신의 진로에 대해 고민이 많은 학생들에게 다양한 진로 관련 독서를 시켜보자는 것이었습니다. 더불어 같은 책을 읽은 선후배, 친구, 선생님과 토론을 하고 발표를 하면서 의사소통 능력을 키우는 것이 또 하나의 목표였습니다.

우리는 1년에 적어도 책 네 권을 읽게끔 프로그램을 설계하되, 그중 한 권은 반드시 기업가정신과 관련한 독서를 하고 방학 등을 이용해 '기업가정신 북캠프'를 운영했습니다. 2017년부터 시작했으니 올해로 9년을 맞습니다. 이 캠프에서는 학기 중에 읽었던 기업가정신 관련 책 나눔은 기본이고, 지역 CEO를 초빙해 특강을 듣거나 관련 기업체를 방문하는 활동을 합니다.

특히 읽은 책의 저자와 만나기도 했습니다. 가장 인상 깊었던 것은 시집『풀꽃』을 쓰신 나태주 시인과의 만남이었습니다. 자아 탐색을 위한 과정 중 하나로 선정한 이 시집의 실제 작가를 만났다는 사실이 학생들에게는 가장 경이로운 일로 꼽히기도 했습니다. 이렇듯 유명 작가나 CEO 섭외가 성공하면 저도 이때는 목에 힘을 주면서 한 마디 합니다. "기업가정신의 대표 키워드, 알지? 도전정신과 실행력!"

이 기업가정신 북캠프도 해를 거듭하면서 업그레이드 되고 있습니다. 단순히 독서토론 활동에 그치지 않고 관련 주제를 통해 프로젝트 활동으로 이어가고 있습니다. 작년에 했던 프로젝트는 기업가정신의 혁신, 책임감, 끈기와 실행력을 기반으로 현재 세계의 가장 큰 당면 문제인 ESG에 대해 고민하고 실행했습니다.

학생들에게 가장 접근하기 쉬웠던 환경 문제를 주제로 삼아 환경에 좀 더 관심을 갖고 친환경적인 활동이 필요함을 다양한 프로젝트로 전교생에게 알렸습니다. 특히 인근에 있는 초등학생들을 대상으로 퀴즈를 통해 분리수거의 올바른 방법을 알릴 수 있어 더 의미가 있었습니다.

또한 우리는 아산나눔재단의 '유스프러너' 활동에 참여했습니다. 참여 학생의 특기인 디자인 실력을 살려 멸종 위기에 있는 해양 동물을 스티커와 문구류로 제작하고, 이것들을 클라우드 펀딩을 통해 실제로 판매까지 해보는 값진 경험을 하기도 했습니다. 이 프로젝트를 했던 학생들은 고2 때의 그 경험을 졸업한 뒤에도 얘기할 정도입니다. 펀딩이 성공해 실물인 제품을 만났을 때를 회상하면서, 너무도 흥분되었고 자신감을 가질 수 있었던 경험이었다고 자랑할 정도로 유의미한 프로젝트였습니다. 그 모습을 지켜보면서 저 또한 교사로서 참으로 뿌듯했답니다.

올해도 저는 싹이 보이는 학생들을 감언이설로 꾀어 기업가정신 기반의 '히어로 프로젝트'를 시작했습니다. 이번에는 학교의 유휴 공간을 가치 있는 공간으로 만드는 것이 목표입니다. 학생들과 다양한 공간에 대한 관찰과 토론 등을 거쳐 학교 뒷동산을 활용해보기로 했습니다.

학생들과 올해의 소원을 바람개비에 적어, 그 소원이 이뤄지길 소망하며 뒷동산에 '바람개비 꿈길'을 만들었습니다. 소원을 쓰는 아이들의 손에 힘이 들어가는 것이 보입니다. 아이들의 소원이 꼭 이뤄지길 옆에서 빌어보는데……. 정말 놀랍게도 10대인 아이들과 반백 살이 넘은 저의 소원이 같습니다. "로또 당첨!" ㅎㅎ

무기력했던 학생들이 자신의 강점을 발견하고 기회를 찾아 시도하는 등 변화를 가져오는 마법 같은 일. 교사 역시 자신만의 우물에서 벗어나 새로운 변화를 두려워하지 않고 과감히 도전해보는 기적 같은 일. 이것이 바로 기업가정신의 힘이요, 매력일 것입니다. 이 때문에 오늘도 저는 학생들과 학교 뒷동산에 올라 우리의 소원을 담은 바람개비를 심습니다.

"아시죠? 제 소원. 로또 당첨, 꼭이요!"

나태주 시인과의 만남(위)
바람개비 꿈길(아래)

산 아래는 봄꽃이 만발하다

(우영애)

경기관광고등학교 정보·컴퓨터 교사

나와 학생들을 깨운 힘

요즘은 고교학점제로 학생 선택을 중요시해 희망하는 과목을 선택이라도 할 수 있습니다. 하지만 기업가정신 교육을 시작하기 전인 2013년에는 학생들이 즐겁고 자유롭게 무엇인가 도전해볼 수 있는 기회가 별로 없었습니다.

특성화고등학교에서만 30년째 근무하고 있는 저에게도 그날이 그날 같은 나날이 계속되고 있을 무렵. 기업가정신 교육, 청소년 비즈쿨 사업은 나의 눈을 번쩍 뜨이게 했습

청소년 비즈쿨 페스티벌 운영(왼쪽)
청소년비즈쿨페스티벌 9년 참가(오른쪽)

니다. 무기력한 학생들을 깨울 수 있는 힘! 특히 전국청소
년기업가정신교육연구회에서 만난 선생님들은 지금까지
보아온 선생님들과 결이 많이 달랐으니, 그 속에서 몇 년간
정말 열심히 활동했던 것 같습니다.

결론부터 말하자면, 기업가정신 교육을 받은 학생들
은 확실히 남들과 다른 삶들을 살고 있습니다. 그들은 지금
자신의 색깔을 잃어버리지 않고 현재를 잘 누리고 있어 내
심 부럽기까지 합니다. 조금 무식했으나 열정만큼은 누구
보다도 뜨거웠던 우리 학생들이 각종 대회에서 수상하던

그 순간들! 점점 자신감을 회복하고 자존감을 높이던 때였습니다.

창업으로 날개를 달다

정말 그랬습니다. 학생들은 날개를 달기 시작했습니다. 그 중 한 학생의 창업 스토리가 『로컬 경기』 2019년 11월 6일 자 기사로 실렸습니다. 기사의 일부를 발췌합니다.

"군대를 제대하고 다른 지역에서 창업을 고민 중이었는데, 마침 고등학교 은사님께서 여주 청년 창업 지원 사업이 있다는 걸 알려주셔서 신청했는데 선정됐어요. 올해 10월 여흥동에 수제 초콜릿 가게를 열었습니다. 아직 한 달도 안 됐지만 초콜릿 만들기 교육, 인터넷 판매 등 다양한 방법을 모색하고 있어요."

지난달인 10월 초 지역 특산물을 활용한 수제 초콜릿 가게를 연 지영운 씨(22세)는 여주가 고향이다. 여주 관광고를 나오고 군대를 다녀온 후 창업을 고려했다. 당초에는 경제 활동이 활발한 지역에서 창업할 생각이었지만 여주 청년 창업 지원 사업에 선정돼 어엿한 사장이 됐다."

어느덧 스물여덟 살이 된 그는 기존의 카페 겸 초콜릿 공방을 좋은 가격에 넘기고, 시청 앞에서 로스팅을 직접해서 원두를 인터넷으로 납품하고 있습니다. 또한 출퇴근 시간에는 테이크아웃으로 판매하고, 다른 시간에는 사진 공부나 원두 로스팅, 글쓰기에 도전하는 모습을 보면 정말 시간을 잘 활용하고 있구나 싶었습니다.

이렇게 조금 이른 청년 창업은 단순히 '일찍 시작한다'는 차원을 넘어서, 개인의 성장과 사회적 기여 측면에서 매우 다양하고 의미 있다는 생각이 듭니다. 하나씩 짚어보면 다음과 같은 장점이 있습니다.

1. 창의성과 혁신성 발휘

청소년은 고정관념에 덜 얽매여 있어 새로운 아이디어를 자유롭게 내고 실현할 가능성이 높습니다. 또한 최신 트렌드나 디지털 기술에 익숙해 혁신적인 사업 아이템을 만들 수 있습니다.

2. 조기 경험에서 얻는 성장

실제 창업을 통해 문제 해결 능력, 리더십, 의사소통 능력 등 실질적인 사회성과 역량이 빠르게 성장합니다. 실패의 경험조차 중요한 자산으로 남아, 향후 진로에 강한 밑거름이 됩니다.

3. 자기 주도적 학습과 진로 탐색

학교나 교과서 중심의 학습을 넘어 실생활 속에서 배우며, 자신의 적성과 진로를 더 정확하게 파악할 수 있습니다. 그리고 본인이 주도적으로 문제를 발견하고 해결하려는 태도를 기르게 됩니다.

4. 네트워크와 사회적 연결

창업 활동을 통해 다양한 연령대의 사람들과 소통하며 폭넓은 인맥을 쌓을 수 있습니다. 교과서로만 배웠던 상업경제를 직접 부딪혀 배우고 멘토, 투자자, 고객 등과의 연결을 통해 새로운 기회를 만들어줍니다.

5. 경제적 자립의 기반 마련

직접 수익을 창출해보며 경제 개념을 체득하고, 자립심을 기를 수 있습니다. 창업이 성공적일 경우 학비, 생활비 등에서 도움이 됩니다.

6. 이력과 경험으로서의 가치

대학 입시, 장학금 신청, 취업 등 다양한 분야에서 독창적인 경험으로 인정받을 수 있습니다. 실제로 포트폴리오나 자기 소개서에서 강한 차별화를 이룰 수 있습니다.

이렇게 청소년 창업은 단순한 '사업'이 아니라, 미래 사회를 살아가는 데 필요한 종합적 역량을 키우는 과정이라고 볼 수 있습니다. 만약 관심 있는 분야나 아이디어가 있다면, 소규모부터 시도해보는 것도 좋은 출발이 될 수 있습니다.

경기청년창업한마당투어 참가

창업아이템 수상

수익금으로 지역사회 봉사활동

시식 및 평가회

청년창업대표(졸업생 유은비 대표)

청년창업특강(졸업생 지영운 대표)

외식조리와 카페베이커리과 졸업 학생들은 이벤트 케이크 전
문점, 태국 음식 전문점, 제주도 감성 카페, 커피 머신 전문 판
매업, 햄버거 전문점, 원두 로스팅 사업, 전통 음식 전문점을
창업했다. 청소년 비즈쿨 스피치 대회에서 우수한 성적을 보
였던 친구들은 증권회사, 은행, 연금관리공단 등에 취업한 뒤
대학의 다양한 학부에 입학하는 선취업 후진학의 생활을 열심
히 하고 있다. 가정형편이 어려웠던 친구들은 이제 자신이 노
력해서 얻은 수익으로 동생들과 함께 해외여행을 떠나며, 오
늘도 인스타그램에 새로운 페이지를 채워가고 있다. 멀리서
훔쳐보는 선생님은 그저 흐뭇하다. 잘 살고 있구나!

비즈쿨, 더하고 빼고
곱하고 나누는 행복 찾기

(이현숙)

안중중학교 도덕/진료교사

나의 비즈쿨

왜 시작했을까? 비즈쿨을 시작한 지 10년이 지나갑니다. 10여 년 전 진료 교사로 새로운 길을 걷게 되었습니다. 저는 진로 교사로 전과하게 되었고, 이제까지와는 다른 방식의 교육을 고민했습니다. 특히 제가 근무하던 지역은 '오지'라는 말이 어울릴 정도로 정보의 접근이 어렵고, 다양한 경험을 접하기 어려운 지역이었습니다. 학생들은 대도시에서 경험할 다양한 기회를 얻지 못한 채 생활하고 있었습니다.

'어떻게 하면 학생들에게 더 넓은 세상과 다양한 경험을 체험하게 할 수 있을까?'라는 고민을 하면서 학생들에게 무한한 지지와 지원을 해주는 비즈쿨을 만나게 되었습니다. 다양한 체험을 위해서는 예산과 프로그램이 필요한데, 그것을 충족해주는 만남이 비즈쿨이었습니다. 그래서 학생들에게 생생한 체험을 제공하고, 이를 통해 실질적인 학습을 끌어낼 수 있었습니다.

조금은 힘들고 낯선 도전이었지만, 그런 도전이 오히려 학생들에게 더 많은 기회를 열어준다고 믿었습니다. 비즈쿨을 통해 학생들은 단순한 교과 지식을 넘어서, '실천'과 '경험'을 배우게 되었습니다. 무언가를 만들어보고, 실패와 성공을 경험하며 그 안에서 의미를 찾았습니다. 그 과정은 교사인 저에게도 큰 보람이었고, 학생들의 성장 속도를 눈앞에서 실감할 수 있었습니다.

더하기 : 경험과 생각의 폭이 더해졌습니다

비즈쿨의 시작은 '경험을 더하는 것'이었습니다. 학생들과 처음 비즈쿨을 접하면서 남학생들을 데리고 십자수도 놓아보고, 바느질도 해보고, 뜨개질도 해봤습니다. 지금 생각하면 참 무모한 도전을 많이도 했습니다. 밤늦게까지 500만 원의 예산 지원금을 5000만 원인 것처럼 쓰며 다양한 경험과 도전을 했습니다. 처음이니까 가능했을 수도 있습니다. 교사인 저에게도 값진 경험이었습니다.

요즘은 이런 교육이 불필요한 시대일지도 모르겠습니다. 구멍 난 양말을 꿰매 신거나 떨어진 단추를 달아서 입는 일은 이제 못해도 되고, 하지 않아도 됩니다. 전문가가 그런 일을 다 해주는 그런 시대가 되어버렸습니다. 그래도 생활 속 교육인 만큼 필요하다고 생각해서 실천해 보았습니다.

또 마중물 텃밭 가꾸기 프로그램으로 다양한 나만의 작물도 길러보며 정서적 감정도 교류했습니다. 수확한 작물을 맛보는 기쁨으로 자연의 고마움을, 환경의 소중함을, 환경을 보호해야 함을 깨닫고 환경 일기를 쓰면서 실천도 해보았습니다.

땅콩을 수확할 때는 땅콩이 이렇게나 주렁주렁 열린다는 걸 처음 알고 눈이 동그래지는 놀라운 경험을 했습니다. 모든 작물은 밭에서 수확하면 뭐든지 바로 생것으로 먹

2016 안중팜 텃밭 가꾸기, 더하기: 자연에서 경험의 소중함을 배움

어도 된다는 사실도 경험을 통해 알게 되었습니다. 텃밭의 땅콩은 단순한 수확물이 아니었습니다. 학생들은 땅속에서 땅콩을 하나씩 캐내며 땀의 가치를 체험했습니다.

　땅콩을 수확한 이후에는 "이걸로 무엇을 할까요?"라는 질문이 나왔습니다. 이 물음은 바로 '기획'으로 이어졌습니다. 땅콩을 세척하고 말리고 포장하면서 학생들은 자신이 만든 것을 다른 사람에게 전달하고, 그 가치를 인정받는 경험을 했습니다. 단순한 수확이 아닌 '더하기'의 교육이었습니다.

　도전 비즈쿨의 프로그램으로 학생들과 비즈 마켓을

열었을 때, 판매 수익금을 처음으로 접했을 때, 텃밭을 가꾸며 수확물을 접하고 이것을 상품화했을 때, 내 노력의 산물로 지역과 사회에 나눔을 할 때, 나의 성장을 위해 도전을 하게 되었을 때, 수많은 사례가 우리들의 경험과 생각의 폭을 더해주는 순간이었습니다.

텃밭을 가꾸며 자연의 순리를 배웠고, 축제에서 손님을 응대하며 경제의 논리를 체험했습니다. 김장을 통해 공동체의 따뜻함도 느꼈습니다. 교실 안에서 배울 수 없는 것들을 몸으로 직접 익히며, 배움의 범위를 확장해 나갔습니다. 비즈쿨은 단순한 정보가 아닌 실제 경험을 통해 배우는 기회를 더해주는 활동이었습니다.

빼기 : 편견과 두려움을 뺐습니다.

새로운 활동을 한다는 것은 쉽지 않았습니다. "남학생들 데리고 바느질을 한다고?", "중학생이 무슨 텃밭을 가꿔?", "김장은 여자들만 하는 거 아냐?", "이걸 해봐야 뭐가 달라질까?"라는 식의 편견과 선입견이 있었습니다.

또한 처음 비즈쿨 페스티벌에 참여했을 때 학생들은 너무나 쑥스럽고 생소한 경험으로 찾아오는 손님에게 말도 못 하고 있었습니다. 학생들은 실수할까 봐 겁이 났고, 서로를 너무 의지한 나머지 일이 어긋날 때면 서로를 탓하기도 했습니다. 그러나 어쨌든 이겨내고 "실패해도 괜찮아. 시도한 것 자체가 중요한 거야"라는 생각을 가지게 되었습니다.

이후 학생들은 점점 편견을 빼고, 두려움을 빼고, 자신을 스스로 묶고 있던 생각의 틀도 빼기 시작했습니다. 비즈쿨은 학생들이 가지고 있던 불필요한 무게를 덜어내고, 더 가볍게 더 멀리 나아갈 수 있도록 도와주는 경험이었습니다. 빼고 덜어내니 비로소 보이는 것도 많아지고 풍요로워진다는 걸 배웠습니다.

곱하기 : 함께여서 가능했던, 함께라서 배가된 가치

함께하니 '체험'이 아니라 '성장'이 되었습니다. 학생들은 팀워크를 통해 성과를 곱하기로 만들어 갔습니다. 공동의 목표를 가지고 노력하는 과정에서, 한 사람의 힘이 아닌 모두의 힘을 합쳤을 때 더 큰 결과를 끌어낼 수 있다는 것을 배웠습니다. '곱하기'는 성취의 기쁨을 배가하고, 학생들에게 공동체 정신을 일깨워 주었습니다.

모든 활동은 단지 체험학습에 그치지 않았습니다. 땅콩 한 알, 배추 한 포기, 김치 한 통이 모두 교육의 재료가 되었습니다. 문제를 해결하고, 팀워크를 발휘하며 '살아 있는 배움'을 경험했습니다. 그 과정에서 학생들 개개인의 잠재력은 빠르게 성장했습니다. 학생들은 하나의 활동을 통해 수많은 배움을 겹겹이 쌓아갔고, 그 결과는 곱하기의 기적처럼 커졌습니다.

특히 중학교 1학년 때는 비즈쿨 학생도 아닌데 친구 도와준다며 왔던 학생이 있었습니다. 그 학생은 비즈쿨 활동을 계기로 중2, 중3이 되면서 자신의 진로를 찾게 되었습니다. 그리고 졸업한 뒤에도 학교에 찾아와 "그때의 경험이 제 인생을 바꿨습니다"라고 말해주었습니다.

처음엔 수줍어서 말도 못하던 학생이 당당하게 발표도 하고, 모든 대회에 나가서 상도 탔습니다. 그러면서 진로를 탐색하고 자신의 관심 분야를 정할 수 있었습니다. 이러한 경험은 학생들의 삶을 긍정적으로 바꾸는 밑거름이 되었습니다. 이렇게 비즈쿨 활동은 학생들에게 '자기 효능감'을 심어주었습니다.

비즈쿨은 협력의 중요성을, 곱하기의 힘으로 가르쳐주었습니다. 비즈쿨 10년은 혼자의 힘으로는 결코 이룰 수 없었습니다. 처음부터 지금까지 함께하는 학교의 동료 교사, 지역사회 관계자들, 그리고 무엇보다 함께한 학생들이 있었기에 가능했습니다. 특히 지역과의 협력, 학부모의 적극적인 참여는 교육이 학교 담장을 넘어설 수 있게 한 원동력이었습니다.

저는 이 활동을 통해 '교육의 중심은 사람'이라는 것을 다시금 느꼈습니다. 교사가 중심이 아니라, 학생이 주체가 되는 교육. 그리고 학교가 중심이 아니라, 마을이 함께하는 교육. 그것이 비즈쿨이 지향하는 진짜 교육의 모습이라 생각합니다.

나누기 : 세상과 마음을 나누었습니다

비즈쿨에서는 단순히 작물을 키우고 봉사만 한 것이 아닙

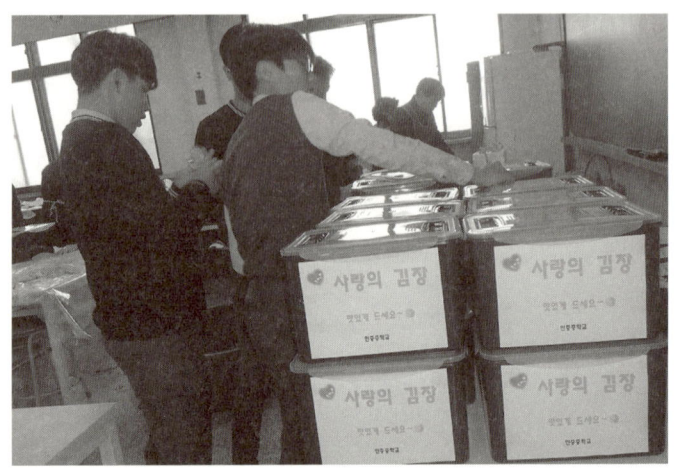

나누기: 내 손으로 가꾼 농작물, 모두가 협력해서 김장을 담고 나눔을 실천

니다. 수확한 작물을 바탕으로 간단한 시장경제의 원리도 배웠습니다. 직접 만든 방석, 양말목 공예, 수세미, 간단한 작물 꾸러미 등등 수많은 제품을 포장해서 비즈쿨 가게에서 판매했습니다. 이 과정에서 가격 책정, 수익 계산, 수요 예측 등을 체험했습니다. 수익은 학교에서, 사회에서 다양한 형태의 '나눔 기금'으로 기부되었습니다. 우리는 돈을 버는 일도 중요하지만, 그보다 '어디에 쓰느냐'가 더 중요하다는 사실을 스스로 깨달아 갔습니다.

비즈쿨 활동 가운데 가장 기억에 남는 건 '나눔'이었습니다. 우리가 직접 키운 배추로 김치를 담그고, 지역 어르신들께 직접 전달했던 날은 지금도 생생하게 떠오릅니다. 우리가 만든 가치가 다른 사람들에게 도움이 되는 경험은 말로 표현할 수 없는 보람을 안겨주었습니다. 비즈쿨은 혼자만의 성공이 아닌, 함께하는 행복의 의미를 가르쳐주는 시간이었습니다.

우리의 행복 찾기 : 비즈쿨 10년, 한결같이 두드리면 열릴 것입니다

월트 디즈니는 "꿈꿀 수 있다면 실현도 가능하다"라고 말했습니다. 도전-도약-일반 비즈쿨을 거치면서 성장하는 모습을 보게 된 건 저에게도 행복이었습니다.

1. 비즈쿨 활동 시작 및 신념 확립

비즈쿨을 시작하며 학생들의 적극적인 참여에 대한 우려가 있었습니다. 그러나 '두드리면 열린다'라는 신념을 가지고 한 걸음 한 걸음 나아갔습니다.

2. 기업가정신 함양, 비즈쿨 활동의 가치와 의미

비즈쿨은 학생들에게 단순한 기술 교육을 넘어 기업가정신을 가르치는 장이 되었습니다. 학생들은 아이디어를 구상하고, 직접 제품을 만들어 판매하며 창의력과 문제 해결 능력을 키웠습니다. 이를 통해 미래 사회의 주역으로 성장할 수 있는 중요한 경험을 했습니다. 기업가정신은 생각하고 원하면 기회가 생기고, 도전하게 되고, 실패든 성공이든 경험이라는 결과물이 생기는 것이라고 생각합니다. 이에 따라 학생들의 꿈이 무지갯빛으로 바뀌어가고, 경험은 배신하지 않는다고 봅니다.

3. 학생들 간의 끈끈한 선후배 관계 형성

학생들은 비즈쿨 활동을 통해 서로를 찾아가고 기다리는 끈끈한 선후배 관계를 형성하게 되었습니다.

4. 행복 찾기 과정

학생들은 '더하고, 빼고, 곱하고, 나누는' 과정을 거치며 자신만의 행복을 찾아갔습니다. 저 또한 학생들과 함께하며 진정한 행복이 무엇인지 고민하고, 나만의 행복을 발견하는 소중한 시간을 보냈습니다.

5. 교사로서의 성장과 네트워크 확장

비즈쿨 활동을 통해 교사로서의 가치가 상승했으며,
다양한 연구회 선생님들과 만나면서 폭넓은 네트워크를 형
성했습니다. 이러한 경험은 사회에 도움이 되는 다양한 루
트와 제2의 적성을 발견하는 계기가 되었습니다.

비즈쿨 10년은 저와 학생들 모두에게 성장과 배움의
시간이었습니다. 앞으로도 이 소중한 경험들이 더 많은 학
생에게 전해져, 자신만의 꿈과 행복을 찾는 데 밑거름이 되
었으면 합니다.

앎과 삶이 일치하는
기업가정신 교육

(정성욱)

안산국제비즈니스고등학교 과학 교사

나도 모르게 기업가정신 교육을 하고 있었습니다

2012년 특성화고등학교(과거 안산상업고등학교, 현 안산국제
비즈니스고등학교)의 과학 교사로 임용되면서 '아이들과 무
엇을 해야 과학을 재미있게 느낄까?'라고 생각했습니다. 의
욕은 넘쳤고, 과학은 실험이 많고 실생활과 연관된 현상을
수업에 활용할 수 있으니 소재만 잘 찾으면 학생들에게 유
용하고 즐거운 수업이 가능하다고 생각했습니다. 그러나
초임 교사의 현실은 생각보다 녹록하지 않았습니다.

첫째, 직업계 고등학교에서 과학은 학생들에게 중요하지 않았고, 중학교 때부터 이미 과학을 지루하게 여긴 학생들이 많았습니다. 이런 인식을 바꾸는 일은 결코 쉬운 일이 아니었습니다.

둘째, 활동 공간이 부족했습니다. 당시 과학실은 안전사고 우려로 자유로운 활동이 어려웠고, 나조차도 선배 교사들의 눈치를 보느라 적극적으로 활용하지 못했습니다. 무엇보다 과학실은 언제나 사고 위험이 도사리는 공간이었습니다.

셋째, 활동비 부족도 큰 문제였습니다. 요즘은 다양한 프로그램과 지원 제도가 많지만, 당시에는 그런 지원을 받을 방법을 몰라 개인적으로 비용을 부담하며 학생들에게 간식과 활동 재료를 제공했습니다.

이러한 어려움 속에서도 결성한 동아리가 '생활과학탐구반'입니다. 지금의 창업동아리 'BZ다누리'의 원조 격으로, 초기 인원은 겨우 다섯 명에 불과했습니다. 아이들을 간신히 모집해 함께했던 첫날, 진흙 속 보석 같았던 아이들의 표정이 지금도 생생합니다.

처음부터 거창한 목표를 세우지 않았습니다. 아이들

창업 발명 동아리인 BZ다누리(9기) 학생들
BZ다누리는 실생활 문제를 찾아 해결하는 활동을 한다

에게 제가 과학을 좋아하게 된 이유를 자연스럽게 전하고 싶었습니다. 가장 먼저 강조한 것은 '관찰의 중요성'이었습니다. 과학 탐구는 자연을 관찰하며 문제를 발견하고 호기심을 가지는 것에서 출발합니다.

우리 학교를 지키는 수암산을 오르며 꽃과 나무, 나비 등을 관찰했습니다. 학생들은 처음엔 어리둥절했지만, "과학은 산과 들에서 노는 것"이라는 제 설명에 차츰 흥미를 느꼈습니다. 꽃을 압화해 직접 식물도감을 만들고, 현미경 사용법도 자연스럽게 익혔습니다.

처음에는 "고가의 현미경이 고장 나면 어떻게 해요?" 라며 걱정하는 학생들도 있었습니다. 하지만 차츰 학생들은 과학이 교실 밖에서도 흥미롭게 다가올 수 있음을 경험했습니다. 자연 관찰을 통해 현상을 이해하고, 아이디어를 내고, 발명품을 만들어내는 과정에서 과학을 더 친숙하게 받아들이기 시작했습니다.

과학이 비주류였던 환경에서 시작한 도전은 주변 교사들 사이에서도 신기하게 받아들여졌습니다. 어느 해엔 교육지원청 STEAM 탐구대회에 도전했습니다. 특성화고

창업 발명 동아리 BZ다누리(9기) 학생이 문제 해결 과정을 발표하는 모습

학생으로는 유일한 참여였지만, 일반고 학생들과도 견줄 만한 결과물을 만들면서 학생들은 스스로 자신감을 얻었습니다. 저 역시 지도교사로서 큰 보람을 느꼈습니다.

돌이켜보면 이 모든 과정이 기업가정신 교육이었습니다. 학생들은 자연스레 아이디어를 기록하고 발표하며 기업가정신의 기본 역량을 키웠습니다. 졸업 후에도 동아리 활동이 삶에 도움이 되었다고 찾아오는 학생들의 이야기는 지금도 제 교사 생활의 동력이 되고 있습니다.

전국청소년기업가정신 연구회와의 만남

과학 발명 동아리를 창업 발명 동아리로 개편하자 학생 수가 늘어났습니다. 더불어 활동비와 간식비 문제도 커졌지만, 당시 나의 멘토였던 최승균 부장이 창업진흥원의 청소년 비즈쿨 사업을 소개했습니다. 사업 계획서를 작성하며 기획력을 키웠고, 지원금을 받을 수 있다는 것도 매력적이었습니다.

비즈쿨 사업을 통해 같은 고민을 하는 선생님들과 뛰

2025 경기도형 창업가정신 창업 동아리 운영 매뉴얼 연수

어난 전문가들을 만나며 많은 자극을 받았습니다. 그렇게 전국기업가정신연구회의 회원으로 활동하게 되어, 비슷한 고민을 공유하며 교육 패러다임의 변화를 가장 먼저 접할 수 있는 소중한 공동체를 만났습니다.

　학교 안에서의 활동은 담당하는 교사의 역량에 따라 한계에 부딪힐 수밖에 없습니다. 연구회 활동을 하면서 다른 학교의 창업 교육이나 프로그램을 알 수 있었습니다. 우리 학교 환경에 맞는 피보팅pivoting으로 맞춤형 프로그램을 운영할 수 있어서 저에게 연구회는 특별한 존재가 아닐 수 없습니다.

내가 생각하는 기업가정신

기업가정신은 다양한 분야에서 다르게 정의되지만, 저는 '사물의 변화를 오감으로 관찰하고, 문제를 찾아 해결하는 과정'이라고 생각합니다. 이는 과학의 탐구 방법과도 매우 비슷해 익숙하게 느껴집니다.

사회문제를 다 같이 생각해보는 시간

급변하는 사회에서 개인주의가 팽배해지고 있지만, 저는 학생들이 주변의 문제를 외면하지 않고 함께 살아가는 공동체의 가치를 깨달으며 성장하길 바랍니다.

아이들이 배웠으면 하는 기업가정신

매년 동아리 학생을 모집할 때 담임 선생님께 요청하는 메시지가 있습니다. "성적보다는 엉뚱하고 창의적이며 성실

학생 대상 미디어 창업 교육

한 학생을 보내주세요." 이 철학은 생활과학탐구반에서부터 지금의 BZ다누리까지 이어져 왔습니다.

저는 학생들에게 '우물 안 개구리 이야기'를 자주 들려줍니다. 어려움에 도전하고 끝내 문제를 해결하는 과정에서 기업가정신을 이해하고 배우길 기대하기 때문입니다. 최근에는 지속 가능한 삶을 위한 환경 교육에도 큰 관심을 두고 있습니다.

우리 학교! 우리 학생들!

4년 전 '안산형 마을학교' 사업을 시작했습니다. 코로나 19로 움츠러든 학생들에게 지역사회와 함께하는 교육 기회를 제공하고자 했습니다. 코로나보다 더 큰 위기인 기후 위기에 맞서기 위해 ESD(Education for Sustainable Development, 지속 가능 발전 교육)를 본격적으로 실천하며, 학생들이 직접 현장에서 문제를 발견하고 해결하도록 이끌었습니다.

우리 학교는 50년의 전통을 가진 상업계 특성화 고등

학교로, ESD와 ESG, 기업가정신을 접목한 교육이 중요합니다. 진로 수업을 통해 교실 밖 활동을 늘리고, 메이커스 페이스 조성을 통해 학생들의 창의력과 자신감을 키워주고 있습니다.

앞으로도 학생들이 지속 가능한 발전과 기업가정신을 바탕으로 더 나은 세상을 만드는 주역으로 성장할 수 있도록 힘쓰겠습니다.

19장

기업가정신 교육으로
소자본 창업을 꿈꿔볼까

(박은주)

안양문화고등학교 상업/정보 교사

찰떡이 개떡으로, 개떡이 찰떡으로 변할 수 있을까

교사와 학생이 함께 소통하려면 교사는 어떻게 해야 할까? 요즘 들어 가장 많이 생각하는 말입니다. 어디까지가 눈높이 교육일까? 지속해서 교사는 학생의 눈높이에 맞추어야 할까? 그렇게 스스로에게 묻는 시간을 되풀이하면서 또 생각합니다. 학생들이 가장 행복한 때는 언제일까?

이런저런 답을 찾다 보니, 학생들 스스로 해결할 수 있는 일을 찾아 결과 값이 나올 만한 상황을 만들어서 소스를 제공하면 좋을 것 같았습니다. 그렇다면 그 소스는 어디서 구해야 하나 다시 고민했습니다. 그러던 중 2018년 새롭게 둥지를 튼 학교에서 청소년 비즈쿨 사업을 담당하게 되었습니다. 비즈쿨 관련 연수를 받는 1박 2일 동안 머리를 한 대 얻어맞는 기분이었습니다. 머리가 띵하고 심장은 빠르게 뛰었습니다.

초·중·고 선생님들이 학생들과 함께 수업한 내용과 결과물을 공유하는 모습이 낯설기도 했습니다. 하지만 '내가 할 수 있을까? 이미 이 분야에서는 고수 중 고수 선생님들의 자료를 요청해도 될까?(수업 연구의 노고를 알기에 선뜻 대가 없이 "자료 주세요" 하기가 죄송스러웠다) 자료를 주시면 할 수 있을까?' 이런저런 생각을 하다 용기를 내어 발표자 선생님께 조심스럽게 메일을 드렸습니다.

다음날 출근해 메일을 확인하니, 엄청난 수업 자료와 여러 가지 활용 방법에서부터 재료를 저렴하게 구매할 수 있는 사이트 정보까지 깨알 같은 꿀팁들이 한가득 메일 안에 담겨 있었습니다. 그러나 마냥 반갑지는 않았습니다. 읽고 또 읽어도 겁이 났고, '할 수 있을까' 하는 걱정이 앞섰습니다. 도입을 어떻게 하고 교과 적용은 어떻게 해야 할까 고민했지만, 일단 시작해보자 마음먹었습니다.

찰떡같은 정보로 개떡 같은 수업을 만들면 어쩌나 하는 저의 고민과는 다르게, 학생들은 새롭게 적용한 교수학습 방법에 즐거워했습니다. 엎드려 있던 아이들이 한둘씩 일어나 참여하기 시작했습니다. 찰떡같은 자료를 개떡 같이 활용했는데도 말입니다.

개떡 같은 티칭에 찰떡같이 학습해준 학생들에게 고마움을 전하고 싶습니다. 찰떡보다 귀한 자료를 마구마구 퍼주신 전국청소년기업가정신교육연구회 여러 선생님께도 다시 한 번 감사의 인사를 드립니다.

아이들이 수업 시간과 쉬는 시간 모두 즐거울 순 없을까

저의 교과는 상업(정보)입니다. 가장 기본이 되는 교과목은 회계 원리, 무역, 상업경제 등입니다. 상업경제의 용어는 처음부터 어렵습니다. 단어 습득을 위해 한자로 풀어 설명하기도 하고, 영어를 섞어 설명하기도 합니다. 한글도 어려운데 한자와 영어를 섞어 가며 수업을 합니다.

회계는 단순하게 숫자 덧셈과 뺄셈이라 아이들을 현혹시켜 입문하게 설득(젤리 간식으로 공략!)해 수업에 참여시킵니다. 중간 과정쯤 되면 아이들 중 3분의 1의 동공은 천장을 바라보거나 책상과 한 몸이 되어버리는 상황이 벌어집니다. 물론 초롱초롱한 눈망울로 집중하는 아이들이 대부분임을 밝히고 싶습니다.

큰 그림보다 작은 점 먼저 찍어보자는 마음으로 시작했습니다. '일단 아이들을 일으켜 보자. 다음은 어려운 교과목을 이해할 수 있게 한번 해보자.' 연수 때 기업가정신 행동 실천가(선생님)들이 주신 자료를 바탕으로 교과에 맞게 수정해 저만의 수업을 만들어갔습니다. '일단! 시작 프로젝트'라고 명칭을 정하고 하나씩 실천해 보았습니다.

프로젝트 목표: 기업가정신을 이해하고 실천하며, 교과 내용 기업 경영의 내용을 알 수 있다.

접근 방법: 쉬운 것부터 차근차근.

'일단! 시작 프로젝트' 첫 번째, 소자본으로 창업가가 되어보기로 결정했습니다. 학생들이 적용하기 쉬운 아이템을 찾았습니다. 작은 소품 만들어보기부터 시작했습니다. 첫 작품은 냅킨을 이용해 일상생활에서 사용할 수 있는 냄비 받침, 휴지 걸이, 거울 등을 만들어 판매했습니다. 냅킨의 모양이 다양해 시즌과 계절별 적용이 가능하고, 제품의 수준이 판매하기에 손색없게 나와서 점심시간을 이용하여 판매 활동을 직접 경험해보게 했습니다. 학생들 스스로 포스터를 제작하고, 교내 곳곳에 붙여 마케팅 활동을 했습니다.

결과는 상상하기 어려울 만큼 완전 판매(완판)! 대성공이었습니다. 아이들 어깨가 귀까지 올라갔습니다. "선생님! 또 해보고 싶어요. 저 경영자 되면 잘할 수 있을 것 같아요." 학생들이 즐거우니 교사인 저도 함께 즐거웠습니다.

'도전!' 두 번째, 세 번째 프로젝트는 1년 동안 진행되었습니다. 경영을 이해하고 기업가정신의 중요성을 알게 하고 싶었던 저의 점이 그림이 되어가고 있습니다. 자연스럽게 아이들은 스스로 학교에 평소보다 일찍 등교해 아이디어를 공유했으며, 쉬는 시간과 점심시간에는 홍보 활동을 했습니다. 시끄럽지 않은 소란스러움으로 책상과 한 몸이던 학생이 일어났고, 교실과 복도를 쉬는 시간에도 힘차게 걷고 있었습니다. 시작이 너무 작아 보이지도 않게 그린

점이 그림으로 만들어져가고 있었습니다.

얘들아! 우리도 주식회사 한번 만들어볼까

'좀 더 큰 꿈을 꾸면 어떨까? 주식회사를 만들어 경영을 이해하고 기업가 정신을 전반적으로 경험할 수 있다면 어떨까?' 하는 생각에 학교 모의기업을 기획했습니다. 처음에 기업의 상호를 만들고 기업을 대표하는 이미지 로고를 만드는 것은 학생 스스로 의미를 부여하고 가치를 이해하는 과정이었습니다.

학생들에게 모의기업의 목표를 달성하기 위해서는 나의 의견이 소중하지만, 타인의 의견도 중요함을 알게 하고 싶었습니다. 모의기업의 꿈을 구체적으로 상상할 수 있게 모교 졸업 창업가를 초대해 특강도 실시했습니다. 특강은 한 시간이었지만 질의응답 시간은 한 시간 이상 열띤 분위기가 이어졌습니다.

저는 가상의 학교 모의기업 주식회사를 만들어, 학생들이 회사 설립과 운영 과정을 경험하게 하고 싶었습니다.

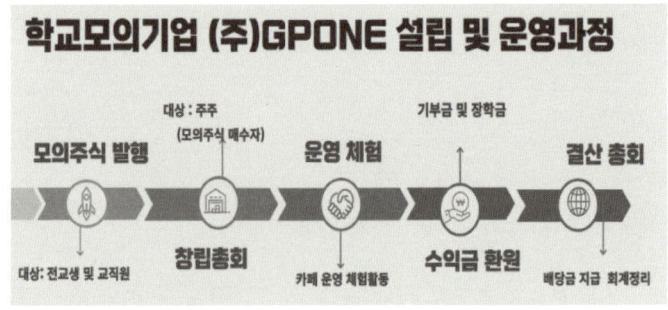

학교 모의기업 ㈜GPONE 설립과 운영 과정

창립총회를 위해 모의 정관도 만들었습니다. 또 주식 표본을 만들어 발행하는 과정부터 결산 총회를 위한 회계 관리까지 기업 전반에 걸친 과정을 설정해 보았습니다.

모의기업의 의미를 담은 로고를 응모하고 선발 과정을 거쳐 로고를 만들었습니다. AI를 활용해 로고를 만들 수도 있었지만, 학생 스스로 스케치하며 만드는 과정이 중요하다고 판단해 직접 만들게 했습니다. 종이 주식이 4차 산업혁명 시대에 뒤처진다는 의견도 있겠지만, 학생들이 직접 만들어 운영하는 실물 교육이 학습 효과와 동기 유발 효과에 긍정적인 영향을 미치기에 종이 주식 거래를 실천하게 했습니다.

모의기업은 학생들이 모의주식을 발행하고 교내 교직

모의기업 로고 만들기와
모의기업 주식 표본

원과 학생들에게 홍보해 주식을 매도하는 과정에서 관련
용어를 자연스럽게 익히게 했습니다. 또한 기업의 자본금
유입 과정을 몸으로 느끼며 실천하고, 회계 감사의 중요성
을 학습하기를 바랐습니다.

모의기업을 운영하기 위한 아이템 미니 대회를 통해
사업 계획서를 작성하고 이를 발표했습니다. 지속 가능한
지구 환경을 위한 ESG 경영에 중점을 두고, 스스로 문제점
을 찾아 해결 방법을 모색할 수 있는 아이템을 선정하여 학
생들이 직접 느끼고 경험할 수 있도록 했습니다. 선정된 아
이템으로 제품을 생산하기 위한 비용과 수익을 예측하여

Gpone㈜ 정관과 발행한 주식 매도 활동

아이템 발표와 판매 활동

재료를 구매하고, 제품 생산한 후에는 성공적인 판매를 위한 마케팅 활동(교내 인스타그램, 카톡 홍보, 홍보지 부착)을 진행했습니다.

학기 말 학교 모의기업 결산총회(회계처리) 과정은 교내 주주(교직원과 학생)를 초대해, 회계 보고와 평가회를 거쳐 투자자와 모의기업 간부(운영진)와의 협의를 통해 주식 배당금 지급률을 결정하여 배당금 지급까지 경험할 수 있

결산총회 및 평가회와
투자자 주식 배당금 지급

게 했습니다.

모의기업을 운영하면서 학생들은 실무 교육을 직접 경험할 수 있었습니다. 기업은 사회적 기업가정신을 기본으로 하고 나눔 정신을 실천하기 위해 기부금 기탁 프로그램을 진행했으며, 학생 스스로 선한 영향력을 발휘하는 기업가가 되어보는 기회를 제공했습니다. 소자본 창업뿐 아니라 다양한 진로 선택에 도움이 될 수 있도록 프로그램과 프로젝트를 진행했습니다. 경영 전체를 경험해보고, 그 과정에서 각자 적성을 찾아보고 미래를 설계하는 데 도움을 주고자 했습니다.

종횡무진! 나름 기업가가
되어가는 중

(주민정)

진산중학교 도덕 교사

우연히 들은 노래에서 시작된 작은 출발!

아주 멀리까지 가 보고 싶어

그곳에서 누구를 만날 수 있을지

아주 높이까지 오르고 싶어

얼마나 더 먼 곳을 바라볼 수 있을지

2020년 코로나가 시작될 무렵, 코로나가 그렇게 길게

우리의 발목을 잡을 거라고 생각지도 못했을 때입니다. 실

리콘밸리와 스타트업 회사 등 기업가정신 교육 탐방을 막 마치고 집으로 돌아가는 길에 샌프란시스코 공항에서 이 노래를 우연히 들었습니다. 뉴스를 통해서만 익히 들었던 혁신의 아이콘, 스타트업 요람의 현장을 돌아보며 들은 노래 김동률의 〈출발〉은 제 삶의 변화를 위해 무엇인가 시도 해보고 싶다는 의지를 마구마구 솟구치게 했습니다.

그런데 예상과는 다르게 코로나는 길어졌고, 우리의 의지와 무관하게 문밖으로 한 발짝도 나서지 못하게 우리 발목을 기약 없이 계속 붙잡고 있었습니다. 제 안에 무엇인 가 새로운 도전을 하고 싶은 마음이 강하게 꿈틀거렸는데 도, 반강제적으로 갇혀 지내다 보니 답답했습니다. 언제 끝 날지 아무도 모르는 코로나가 길어지자 막연함과 두려움이 커졌습니다. 전염성 때문에 서로 대면할 수도 없는 불가피 한 상황에서 사람들을 만나고 싶은 욕구가 더욱 강해졌습 니다.

이러한 사람들의 욕구가 커지자 랜선을 통해 화상으 로 대화할 수 있는 온라인 도구들이 개발되었습니다. 우리 는 방구석에서 사람들과 비대면으로 이야기하는 신세계를 경험했습니다. 지금은 화상회의가 우리 삶에 익숙해졌지만 그때만 해도 낯선 풍경이었습니다. 이러한 시간이 길어질수록 자유롭게 밖을 나가지도, 사람들을 마음 편하게 만나지도 못하는 상황이 계속되었습니다. 저는 사람들과 이 갑갑한 상황을 의미 있는 대화를 통해 극복하고 싶었습니다.

그러던 차에 저는 고심 끝에 용기를 내어 SNS에 제 마음을 전했습니다.

"예전부터 누군가와 책을 함께 읽고 싶었는데 오늘에서야 용기를 내어서 글을 올립니다! 함께 읽기가 얼마나 좋은지 누구보다 잘 알기에 읽기 일정표에 따라 함께 읽고 책 이야기를 나누고 싶은 분들은 연락주세요!"

저의 수줍고 소박한 첫 고백으로 시작된 함께 읽기 공동체는 그렇게 탄생했습니다. 그해(2020년) 한때는 230여 명의 회원이 모여 책을 읽고 동행하는 '함께읽기on'으로 모임의 규모가 커졌습니다. 그리고 지금은 전국뿐만 아니라 해외에서도 랜선으로 접속하여, 함께 책을 읽고 매일매일 의미 있는 대화를 이어가며 연대하는 모임으로 성장 중입니다.

함께읽기on은 시민 대상으로 '온갖 부류의 책을 늘 on하여 읽으며 따뜻한 온기가 있는 온라인 독서 모임'으로

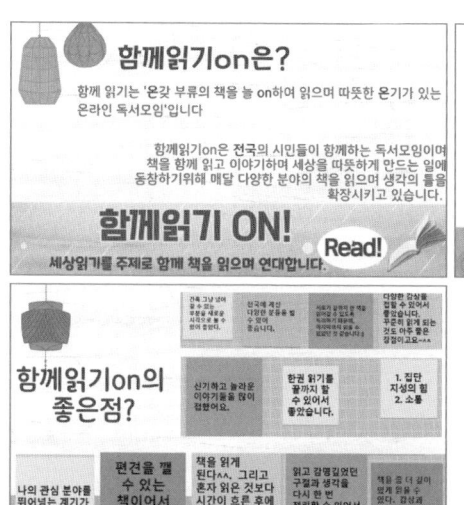

함께읽기on
소개 자료

새로운 독서 풍토를 만들어가며, 전국 각지에서 이웃들과 독서 생활화를 주도하고 선도하는 독서 공동체가 되었습니다.

코로나라는 한치 앞도 모르는 상황에서 '무엇인가 함께해보자'라는 꿈틀거리는 작은 의지에서 시작된 함께읽기 on은 책을 읽고 이야기를 나누며, 각자의 삶의 터전에서 선한 영향력을 전하고 있습니다. 우리는 혼자 책만 읽는 데 그치지 않고 책 속의 귀한 말씀을 일상에서 실천합니다. 그리고 지역 간 교류와 다양한 직업에 종사하는 사람들의 생생한 의견을 공유하며, 깊이 있는 통찰을 서로에게 주고받는 커뮤니티가 되었습니다.

사실 저는 지금까지 생활 근거지가 서울에만 국한되어서 세상을 보는 시야가 매우 좁았습니다. 그러나 독서 공동체를 운영하면서 여러 지역의 소식을 지속적으로 접하다 보니 세상을 보는 시각이 확장되었습니다. 피상적으로 뉴스에서만 접했던 지역 문제에 대해서도 좀 더 관심을 갖고 직접적으로 접할 수 있었습니다.

함께읽기on을 시작으로 저는 그 다음 해에 '위클리브리핑'이라는 모임을 만들어 지금까지 운영하고 있습니다.

매주 토요일 아침 7시부터 한 시간 동안 한 주간의 뉴스를 브리핑하는 모임입니다. '위클리브리핑'은 다양한 관점에서 시야를 넓히고 우리 삶을 좀 더 밀착해서 들여다보기 위해 세상 읽기를 주제로 함께 뉴스를 읽고 연대합니다.

교사로서 학생들에게 유의미한 교육을 하려면 여러 삶의 현장을 알고 경험해야 하는데 현실적으로 여건상 늘 한계에 부딪혔습니다. 그러나 매주 뉴스를 읽고 전국에 사는 시민들과 함께 토론을 하다 보니 세상을 좀 더 깊이 이해할 수 있었습니다. '우물 안의 개구리'로 살았던 제가 진짜

위클리 브리핑

세상읽기를 주제로 함께 뉴스를 읽으며 연대합니다

위클리브리핑
카페 대문

넓은 세상 밖으로 나오는 계기가 된 것입니다.

　위클리브링핑 활동을 하면서 제가 보고 들은 것만이 전부라고 생각하는 편협한 시각에서 저도 모르게 조금씩 벗어날 수 있었습니다. 무엇보다 뉴스를 접하고 다양한 관점에서 토론을 하다 보니 무엇이 진실이인지를 알게 됐습니다. 그리고 모두를 위해서 어떤 판단을 하는 것이 옳은지 불확실한 세상에서 좀 더 바람직한 선택을 하는 힘이 저에게도 생겼습니다.

앞으로도 배움과 연대의 길 위에서

함께 배우고 성장하는 공동체 만들기는 여기서 멈추지 않았습니다. 학습 커뮤니티의 성과와 성공 경험을 토대로 다양한 프로토타입을 개발하여 여러 형태의 공동체를 기획하고 시도하고 있습니다.

2023년부터 교사들의 기업가정신 교육 확산을 위해 '티처프러너웨이'라는 팀을 만들어 워크숍을 진행하여, 교육 현장에서 기업가정신을 발휘하도록 돕고 있습니다. 아직 우리 교실에서는 낯설지만, 학생들에게 꼭 필요한 질문 수업을 보다 체계적으로 가르칠 수 있도록 교사 학습 공동체도 조직해 매주 공부하고 있습니다. 또한 매일매일 다사다난한 학교 일상에서 지친 교사들의 심신을 치유하기 위해 매주 목요일마다 마음 챙김, 명상, 심리, 뇌과학 관련 책을 읽고 이야기 나누며 서로의 마음을 보살피는 모임도 운영하고 있습니다.

저는 여전히 학교라는 버라이어티한 현장에서 매일 크고 작은 파도에 흔들리며 살아가고 있습니다. 수업 준비와 학생 지도, 학교 행사, 행정 업무, 동료 교사들과의 협력까지 하루하루가 예측 불가능한 일들로 가득 차 있습니다. 어느 순간부터는 이런 일상이 너무 익숙해져서 제 스스로도 얼마나 지치고 있는지 자각하지 못할 때가 그동안 많았습니다. 하지만 코로나 시기에 우연히 용기를 내어 시작한 작은 독서 모임은 저를 완전히 다른 세계로 이끌었습니다.

책을 함께 읽고 서로의 생각을 나누며 자연스레 시야가 넓어졌고, 나와는 다른 환경과 생각을 가진 사람들을 깊이 이해하게 되었습니다. 그 안에서 제가 그동안 얼마나 좁은 울타리 안에서만 세상을 바라봤는지 깨닫게 되었습니다. 그리고 그 깨달음은 또 다른 시도로 거듭 이어지고 있습니다. 이는 무엇보다 교사로서 학생들에게 더 의미 있는 교육을 하고 싶다면 나 자신부터 세상을 더 많이 알고 더 깊이 경험해야 한다는 절실함에서 저를 이끈 것입니다.

하나둘 생겨난 학습 공동체 속에서 저는 더 이상 혼자가 아니었습니다. 혼자였다면 포기했을 수도 있는 일들을 함께여서 끝까지 해내었고, 또 함께라서 그 기쁨과 보람이 몇 배로 커졌습니다. 이 모든 경험들은 결국 저를 더 넓은 세상으로 이끌었고, 사람을 대하는 마음과 세상을 바라보는 눈을 한층 깊게 만들어 주었습니다.

앞으로도 저는 배움과 연대의 힘을 믿고 그 길을 걸을 것입니다. 무엇보다 우리 학생들에게도 혼자가 아닌 함께 걷는 배움과 성장이 얼마나 큰 기쁨인지 몸소 보여주는 교사가 되고 싶습니다. 코로나라는 우연한 계기가 내 안의 잠든 가능성을 깨웠듯, 앞으로도 낯선 가능성에 스스럼없이 마음을 여는 사람이 되고 싶습니다. 이런 길 위에서 또 어떤 사람을 만나고, 어떤 새로운 배움을 얻게 될지 설레는 마음으로 한 걸음 한 걸음 오늘도 내딛는 저는 종횡무진 나름 기업가가 되는 중입니다.

기업가정신 교육에
조금씩 스며들기

(유정희)

양주고등학교 영어 교사

기업가정신 교육에 관심이 생겼어요

'생각하는 대로 살지 않으면, 사는 대로 생각하게 된다'는 말이 절실하게 와 닿았던 때가 있습니다. 저 외에도 많은 이들에게 긍정적인 방향이든, 부정적인 방향이든 삶의 전환점이 되었던 코로나 시기. 삶의 많은 부분이 코로나라는 질병이 주는 제약을 받다 보니 외부의 거대한 힘에 내 삶이 끌려 다니고 있다는 생각이 자주 들었고, 무기력감이나 우울감을 종종 느꼈습니다. 내 삶이 '사는 대로 생각하는 삶'이었던 것 같아, 앞으로도 그렇게 살게 될까 봐 두려움이 커졌습니다.

집 안에서 보내야 하는 긴 시간을 그래도 즐기게 해준 것은 유튜브에서 이런저런 분야의 저명한 분들이 나와 각자의 전문 분야에 관해 이야기해주는 영상을 찾아보는 것이었습니다. 평소였다면 적극적으로 찾아보지 않았을 분야들, 과학, 의학 등 흔히 말하는 '이과' 분야의 이야기가 이렇게 재미있다니, 시야가 넓어지는 느낌이었습니다. 그런데 이 '이과' 분야보다 더 생소한 분야가 있었으니, 그것은 경제 분야였습니다. 그동안 '실경제' 분야는 나와는 심리적 거리가 멀어도 너무 멀다고 생각했습니다.

경제 방송에서는 매일 전문가들이 나와 경제 이론, 역사, 북 리뷰 등과 같은 경제 지식뿐 아니라 기업과 투자 등에 대해서도 이야기해 주었습니다. 어느 날 방송 주제가 '기업가정신'이었습니다. 훌륭한 기업가들이 가진 마인드셋을 이야기하면서 기업가정신을 언급했습니다. 바로 기업가정신이 '사는 대로 생각하는 것이 아니라, 생각하는 대로 사는 삶'을 의미했습니다. 이는 그동안 나를 괴롭히던 질문에 대한 대답이었습니다.

능동적으로 자신을 이끌어 가는 삶을 살 수 있다고 생각하니 마음도 편해지고, 의지도 솟았습니다. 이 좋은 정신을 주변에도 알리고 싶어서, 초등 저학년이었던 제 아이들에게 그렇게 떠들어댔습니다. 이렇게 기업가정신을 알게 되고 맞이한 게 2022년이네요.

2022년은 코로나의 기세도 조금씩 꺾이고, 사람들의 활동이 서서히 늘어나던 시기였습니다. 저는 행정 업무를 담당하고 있어서 학교로 오는 공문을 자주 들여다보는데, 교사를 대상으로 기업가정신 교육 연수를 해준다는 공문을 발견했습니다. '아는 만큼 보인다'라는 속담이 정말 맞는 것 같았습니다. 이 다섯 글자의 의미를 몰랐을 때라면 수많은 연수 공문 중 하나로 그냥 넘겼을 것이 분명합니다.

내용을 들여다보니, 기업가정신 교육에 관심을 가진 중·고등학교 교사에게 전문가 양성 과정을 제공한다는 것입니다. 이제 기업가정신을 접한 나 같은 사람이 '전문가(아산 티처프러너)'가 될 수는 없겠지만, 지원해봐서 손해 볼 것은 없었습니다. 도전하는 것도 기업가정신이니까요. 저는 환경 문제, 기후 변화, 식량 주권 문제 등에 문제의식을 느끼고 있던 터라, 생각하고 시도했던 소소한 것들을 담아 지원서를 제출했습니다.

　감사히도 서류 심사를 통과했고, 면접에 갔습니다. 마지막 그룹이었는데, 아무래도 덜덜 떨면서 한 내 대답이 다른 지원자들에 비해 너무도 시원찮았다고 생각되었습니다. 면접을 본 건물을 나와 지하철역으로 가던 길에 '내가 여기를 다시 와볼 일은 없겠구나' 싶어, 되돌아가서 '도전에 대한 기념'으로 건물 사진을 찍었습니다. 그 길은 그 후로 한 달에 한두 번씩 찾는 길이 되었습니다.

기업가정신 교육에 발을 담그기 위해 이런 것들을 해볼 수 있어요

아산 티처프러너 4기 연수에는 전국에서 모인 열정 넘치는 기업가정신 교육자들이 있었습니다. 같은 모둠에서 만나 멘토처럼 생각하게 된 정말 진정한 기업가정신 전문가 선생님과도 인연이 되었습니다. 이분을 통해 전국청소년기업가정신교육연구회 밴드에 가입했고, 기업가정신 교육에 관심을 갖고 실천하는 분들이 많다는 것을 알게 되었습니다. 기업가정신이라는 개념을 저는 이제야 알게 됐는데, 1000명이 넘게 가입한 이 밴드만 해도 10년 이상의 역사가 있었습니다. 전국의 기업가정신 교육 선배님들께서 밴드를 통해 전하는 소식을 접하며 배우고 자극을 받았습니다.

밴드를 통해 창업진흥원의 '비즈쿨'이라는 사업을 알게 되었습니다. 1000만 원 정도의 예산을 받아 기업가정신 교육 아래 다양한 활동을 해볼 수 있었습니다. 이런 큰 돈이 들어가는 사업을 운영해본 적이 없었지만, 학교에서 함께해주실 선생님을 모집하자 몇 분이 흔쾌히 나서 주셨습니다.

비즈쿨은 동아리 기반인데, 우리 학교에는 창업 동아리가 없었습니다. 그래서 기존 동아리 중 함께하기로 한 선생님이 맡은 동아리에 비즈쿨의 모자를 씌워 운영했습니다. 도농 복합 지역의 소외된 위치에 있는 인문계 고등학교라는 점을 강조하며, 비즈쿨이 학생들에게 큰 기회가 될 것이라는 믿음으로 열심히 계획서를 썼습니다. 감사하게도 비즈쿨 지원 학교에 선정되었습니다.

그렇게 2023년은 도전의 해가 되었습니다. 예산이 입금되었기에 모두에게 생소한 '비즈쿨'이라는 단어를 여기

저기 써 가며 이런저런 사업을 기획하고 추진했습니다. 그 중 가장 큰 시도는 우리 시의 플리마켓인 '기버마켓'에 참가하기로 한 것이었습니다. 무엇인가를 팔아보는 마켓 활동은 학생들에게 제품/서비스 아이디어부터 시작해서 부스 운영까지 주체적으로 경험해보는 미니 창업의 기회가 될 수 있을 것 같았습니다.

참여를 희망하는 동아리 학생만으로는 인원이 부족해 학교 전체에 '비즈쿨 운영 위원회'를 모집한다고 공지했습니다. 감사하게도 몇 명의 주체적인 학생들이 모였습니다. 친환경, 탄소중립, 지역사회 연계 등의 가치를 추구하며 6월 마켓과 9월 마켓을 준비해 참가했습니다. 체험 부스를 주력으로 운영해서 반응이 좋았습니다.

12월에는 교내 동아리 발표회 날 비즈쿨 탕후루 부스까지 운영했습니다. 특수학급 선생님의 도움으로 제빵 기술도 배워 판매했습니다. 이 덕에 학교 이름으로 세 번이나 기부하는 기회가 생겼습니다. 기버마켓 참가를 계기로 양주시자원봉사센터, 양주시사회적경제지원센터, 양주2동 행정복지센터 등의 지역 기관들과 좋은 인연을 맺었습니다.

기업가정신으로 '코팅'한 해여서 그런지, 2023년은

개인적으로도 시도하고 도전하면서 좀 더 적극적이고 능동적으로 살았던 것 같았습니다. 4-H 동아리를 2년 차 운영하면서 학교 4-H 지도교사 현장 연구대회에도 도전해보았고, 감사하게도 대상을 받았습니다. 4-H의 지향점과 비즈쿨을 잘 접목해서 활동한 부분이 긍정적으로 평가받은 것 같았습니다.

저만 대회에 나가기가 아쉬워서 제법 그림 솜씨가 있는 동아리 회장에게 농촌 풍경 사생대회에 나가도록 적극 권했습니다. 이 친구도 최우수상을 받았습니다. 학교 안에서도 제 업무는 아니지만, 동료 선생님들의 학교생활이 행복하길 바라는 마음에 이런저런 힐링 프로그램을 재빠르게 신청해서 함께 즐겼습니다. 건강을 위해 만보 걷기 교사 동아리도 만들어 운영했습니다.

이런 것들을 다 하려니 너무 바쁜 한 해였고, 퇴근 후에도 늦게까지 일하거나 새벽에 일어나 일하는 시간이 많아 소진되는 측면도 분명히 있었습니다. 그럼에도 '기업가정신'이 제게 끼친 영향이 '나'에서만 끝나지 않고, 나를 통해 내 주변에도 좋은 일이 일어나게 해준 한 해라는 생각에 돌아보면 참으로 보람찬 해였습니다.

기업가정신으로 학교생활이 즐겁고 행복한 '폭삭 속았수다' 이길

2024년에 들어서면서, 가까이 있으면 더 배울 수 있을 것이 분명하므로 전국청소년기업가정신교육연구회의 공동리더 모집에 지원했습니다. 공동리더로 이름을 올리고, 회의와 연수에도 참여하고, 밴드 운영에 더 관심을 가지면서 보는 것도 많아지고 시야도 넓어졌습니다. 기업가정신 교육이라는 같은 관심사를 가진 좋은 선생님들을 만나게 된 것이 그중 가장 큰 의미입니다.

비즈쿨에는 다시 지원했지만 떨어졌습니다. 비즈쿨은 못하게 되었지만, 학교로 오는 온갖 공문 중에서 학생들에게 도움이 될 것 같은 프로그램은 다 신청했습니다. 바른 식생활 교육, 디지털 새싹, 창업 경진대회 견학 등등……. 더 해서 아산 티처프러너 커뮤니티(아산 티처프러너 동문들이 모여 함께 기업가정신 교육에 관해 연구하는 모임)와 아산 티처프러너 스쿨(아산 티처프러너 동문 교사가 자신의 학교에서 기업가정신 교육을 실제로 추진해보는 프로그램)에 참여했습니다.

지난해처럼 마켓 활동도 하고 기부 활동도 하고 싶은

욕심이 생겼습니다. 그래서 학교자율과정 프로그램을 이용하기로 했습니다. 2학기 기버마켓이 한글날이 있는 주에 열린다는 소식을 접하고, 한글 디자인 굿즈를 개발한다는 주제로 학교자율과정 프로그램을 기획했습니다.

25명의 학생들과 20시간에 걸쳐 프로그램을 운영하고, 기버마켓 참가를 목표로 2차 과정을 같이할 학생을 모집했습니다. 필사적이고 적극적으로 어필해 10명의 학생이 모였습니다. 이 학생들과 국립한글박물관 견학도 하고, 회의도 하면서 마켓 활동을 계획했습니다. 우여곡절이 많이 있었지만, 그래도 마켓 당일 학생들의 고군분투에 보람이 느껴졌습니다. 그날 저녁, 마켓 활동을 함께한 학생에게 감사 인사 메시지가 왔는데 힘들었던 마음이 따뜻해졌습니다.

제빵 기술이 있으신 마음씨 고운 같은 부서 선생님과 제빵을 해본 적은 없지만 흔쾌히 배워서라도 함께하겠다고 하신 새로 전근 오신 특수학급 선생님께서도 뜻을 함께해 주셨습니다. 한글 굿즈 기버마켓 부스에서 판매하기 위해 마들렌 만들기를 연습해서 학교 선생님 대상으로 판매했고, 약간의 기부금을 마련했습니다.

이 활동에 영감을 받으신 특수학급 선생님께서 우리 학생들도 제빵을 같이해보고 기부 활동에 동참하겠다는 뜻을 밝혀주어, 12월 말에는 학생들이 배워 정성 들여 구운 마들렌 100세트와 기부금을 들고 행정복지센터를 방문했습니다. 우리 동네의 독거 어르신께 전달되었습니다. 특수학급에서는 올해 본격적으로 제빵을 가르치고, 기부의 기쁨도 나눌 계획을 추진하고 있습니다.

올해는 전국청소년기업가정신교육연구회 활동은 물론이고, 학교에서는 '2025 기업가정신 함양 프로젝트'라고 이름 붙여서 그 아래 여러 프로그램을 운영해보려고 연초부터 계획을 세워 놓았습니다. 영어 교과 교사이지만, 진로 수업을 맡아 기업가정신 관련한 활동을 학생들과 추진하고 싶어서 진로 수업도 합니다. 아산나눔재단의 프로그램에도 참여하고요.

학교자율과정 기간 중 하루는 전교생을 위해 지역 연계 앙트십 프로그램을 운영합니다. 아산나눔재단에서 지원하는 스타트업 견학도 신청하고, 양주시사회적경제지원센터의 도움으로 '사회적경제 교실' 수업과 '공정무역'을 배우는 수업도 준비해 놓았습니다. 기버마켓에서도 우리 학교는 언제나 환영이라고 해주셔서 필참 예약이고요.

내년에는 이런 프로그램들을 함께 추진할 팀을 구성할 수 있다면 참 좋겠다는 생각을 합니다. 기업가정신 교육이 일반고에서는 교과도 아니고, 부서의 업무도 아닙니다. 결국 관심이 있는 선생님들이 뭉쳐야 할 일이라고 생각됩니다.

여기까지가 '기업가정신 교육'에 조금씩 스며든 몇 년간의 시도입니다. 그동안 느낀 가장 큰 과제이자 고민거리는, '학생의 눈높이에 맞추고 여유를 갖고 지켜보는 것'입니다. 이게 잘 되지 않아서 마음이 힘들었던 때가 자주 있습니다. 모든 학교 활동에는 '기한'이라는 게 있다 보니, 시간에 쫓기고 그러다 보면 조급해지니 여유를 갖기 힘듭니다. 학생과 나 스스로를 재촉하게 되는 거 같고요.

성과가 있어야 한다는 압박도 작용하는 것 같습니다. 그래서 '잘 안 돼도 괜찮아'라는 말을 스스로에게 해주고 싶을 때가 있습니다. 요즘 많이들 하는 실패 프로젝트처럼 말이죠. 선배들께도 이런 경우에 어떻게 하시는지 여쭈어 봐야겠네요.

청소년 기업가정신교육
우리가 함께한 길
© 전국청소년기업가정신교육연구회, 2025

초판 1쇄 2025년 10월 10일 찍음
초판 1쇄 2025년 10월 31일 펴냄

지은이 | 전국청소년기업가정신교육연구회
펴낸이 | 강준우
인쇄 · 제본 | 지경사문화

펴낸곳 | 인물과사상사
출판등록 | 제17-204호 1998년 3월 11일

주소 | (04031) 서울시 마포구 동교로 22길 29, 성지빌딩 301호
전화 | 02-471-4439
팩스 | 02-474-1413

ISBN 978-89-5906-815-9 43300
값 18,000원